金句回话

陈立红◎著

中华工商联合出版社

图书在版编目（CIP）数据
回话金句 / 陈立红著. -- 北京 : 中华工商联合出版社, 2025. 5. -- ISBN 978-7-5158-4267-7
Ⅰ. C912.11
中国国家版本馆 CIP 数据核字第 20255267UD 号

回话金句

作　　者：陈立红
出 品 人：刘　刚
责任编辑：吴建新　林　立
装帧设计：荆棘设计
责任审读：郭敬梅
责任印制：陈德松
出版发行：中华工商联合出版社有限责任公司
印　　刷：三河市众誉天成印务有限公司
版　　次：2025 年9月第 1 版
印　　次：2025 年9月第 1 次印刷
开　　本：710mm × 1000mm　1/16
字　　数：130 千字
印　　张：9
书　　号：ISBN 978-7-5158-4267-7
定　　价：69.80 元

服务热线：010—58301130—0（前台）
销售热线：010—58302977（网店部）
010—58302166（门店部）
010—58302837（馆配部、新媒体部）
010—58302813（团购部）
地址邮编：北京市西城区西环广场 A 座
19—20 层，100044
http://www.chgslcbs.cn
投稿热线：010—58302907（总编室）
投稿邮箱：1621239583@qq.com

前　言

在这个瞬息万变、沟通无界的时代，言语的力量被无限放大。每一句话，不仅是思想的传递，更是情感的交流，乃至个人魅力与智慧的展现。我们每天都在与不同的人打交道，无论是职场上的洽谈合作，生活中的亲朋相聚，还是网络空间里的虚拟互动。如何“回话”，即如何恰当地回应与表达，成为决定人际关系质量、影响个人发展，乃至事业成败的关键因素之一。

回话，不是单纯“你问我答”，而是在与人沟通的过程中如何针对别人的话语作出反应，针对不同的情境，有着不同的回话方式，如：

如果对方的问话涉及隐私，该怎么回？

如果对方的问话惹怒了你，该怎么回？

如果对方的话题引发了尴尬，该怎么回？

如果对方对你言语挑衅，该怎么回？

如果对方对你提出质疑，该怎么回？

如果对方的问题你不理解，该怎么回？

如果你想拒绝对方的请求，该怎么回？

……

回话要照顾到对方的情绪、自尊心，但也不能一味地迎合，而忽略了自身的感受与需求。如何回得得体而又不违背自己的真心？如何巧妙拒绝他人？如何转移话题？如何打破僵局？如何延续话题？这些都是在一场谈话中经常会遇到的难题。谈话技巧的使用，决定着你能否在一场谈话中做得游刃有余，应对自如。

一场完美的对话涉及很多因素，其中，语言起着至关重要的作用。一个会回话的人，能挽救一场即将垮掉的谈话；而一个不会回话的人，能毁掉一个原本氛围融洽的谈话。

人，不论在生活中还是工作中，都更喜欢与“会说话的人”交往，因为这样的人更会带动情绪，更能引导话题，更能调节氛围，更能控制局面……如同与聪明人做事不累，与聪明人说话更轻松那样。

这就是为什么人们总说“会说话的人，人缘都不会太差”。

另外，谈话的对象不同，回话的方式也不同，比如：

如果对方是领导，该怎么回话？

如果对方是同事，该怎么回话？

如果对方是客户，该怎么回话？

如果对方是朋友，该怎么回话？

如果对方是陌生人，该怎么回话？

如果对方是亲人，该怎么回话？

如果对方是记者，该怎么回话？

如果对方是面试官，该怎么回话？

如果对方是谈判对手，该怎么回话？

……

因为身份不同，关系亲疏有别，所以回话时应当持有的姿态、态度、语气、语言风格也大不相同。

一次完美的回话，不是做好某一个方面就可以，从情绪准备到回话内容，再到语音、语调、语气、肢体动作、眼神等，综合起来，完美配合，才能达到想要的技巧性效果。

本书既有“回话金句”的点睛之笔，也有实际理论与案例的诠释；不仅是一本工具书，更是一次深度自我探索的旅程。它将带领我们在实践中不断反思与成长，将理论转化为行动，最终让每一次回话都成为展现自我、连接他人的美好瞬间。

愿这本书能成为你沟通路上的良师益友，助你在人生的各个舞台上，以更加自信、从容的姿态，绽放属于自己的光彩。

目录

基础篇——从内心明白，调整回话的心态

提升篇——从实际出发，掌握回话的技巧

基础篇

——从内心明白，调整回话的心态

第一章　为什么回——不打无准备之仗

★谋定而后动，方能对答如流。

一问一答，意义深远

人与人交谈是一个双向沟通的过程，其中包括问话与回话。当对方发言时，我们需要接话，而如何接话则既是一种表态，也是一种回话技巧。回话并非简单的“你问我答”，而是指在沟通过程中，如何针对对方的话语作出恰当的回应。

多年前，马云与黄渤在某次活动中有这样一次有意思的对话：

马云问黄渤：“你觉得我长得怎么样？”

这个问题一定会难倒大多数人，因为众所周知，马云的长相并不是很出众，如果回答不得体，一定会让马云尴尬。那么，黄渤是怎么回答的呢?

黄渤说：“我觉得你长得和我差不多。”（金句点睛：一问一答间，智慧火花现。问答之中，皆是心灵的碰撞、思想的交融。）

这个回答非常完美，不但将问题抛了回去，而且还掌握了谈话的主动权，这便是回答有道的意义。

针对上级领导提出的问题，如“对于这个项目，你有什么看法”，通常会出现以下几种回答：

第一种是无回应，这是最失败的一种回话方式。

第二种是磕磕巴巴的回应，如“呃……我认为……我认为”，这样的回答也难以赢得好感。

第三种是有理有据、有条不紊的回答，如“我想说的主要有三点，第一是可行性……”，这样的回应能够清晰地表达自己的观点，使听者更好地接收信息，同时也更能彰显一个人的人格魅力与业务能力。

不仅在职场中，在生活中我们也经常需要回应别人的问话。例如，当被问及“你今年多大了”时，有人可能会不高兴地回答“关你什么事”；有人可能会反问“难道你不知道，询问女士年龄是一件极为不礼貌的事吗”；有人可能会故作神秘地说“我不告诉你”；也有人可能会笑一笑，用幽默的方式回答，如“那我需要算一下，去年我 18，那么……今年我刚好 19 岁了”。当然，也有人会直接说出自己的年龄，尽管内心并不愉悦。

那么，在面对这些问题时，你会选择如何回答呢？

从提问者的角度来看，我们可能更希望听到确切的答案，但如果无法得到确切答案，一个幽默或“玩笑式”回答也是一个不错的回应。如开头讲到的马云与黄渤的对话。

作为被提问者，我们可能不想暴露某些信息，但又不想生硬地回绝导致彼此尴尬。此时，一句玩笑或一句幽默的话语就可以巧妙地化解这种尴尬。

通常，问者会从答者的回应中收集信息，进行剖析、理解，进而对这个人进行初步的判断，如性格、能力、品格等。所以，有时候一句话能成事，一句话也能坏事。我们不知道因为一句话会错过什么，又会得到什么。

因此，在与人交谈时，回应别人的话首先要做到一点，让别人听起来舒服，这样别人才愿意听。然后是要得体，这彰显了自己的涵养与素质。

【敲黑板，划重点】

回应他人的话语，至少要确保得体与恰当。

通过一个人的回话，我们可以感受其学识的深浅、涵养的高低，以及素质是否优良、品格是否正直。同时，回话也是衡量一个人情商的重要标尺，它反映了其语言组织能力、应变能力、交际能力和沟通能力的高低。

因此，我们可以将回话视为一种对外的自我展示，你的表现将直接成为对方评判你、了解你的重要参考依据。

对答如流的回话，必有准备

上学时期，我最害怕的事情莫过于老师在课堂上提问。这种恐惧源于内心的不确定性，要么是担心自己不会，要么是害怕答错。每当看到别人对老师的提问对答如流，而我却因心虚而支支吾吾时，内心总是备感失落与打击。

我曾疑惑，为什么别人能够如此轻松地应对老师的提问，而我却做不到？是因为他们比我聪明，反应更快吗？直到有一次，我在课间无意间发现那位总是“秒杀”我的同学在认真预习明天的课程时，才恍然大悟。原来，预习是如此重要。

“预习”这个词，我们再熟悉不过了。老师总是反复叮嘱我们要“预习”和“复习”，但这些话在我们耳中早已成了老生常谈，很少有人真正当回事。我也曾是这样的学生，对预习敷衍了事。

然而，现在回想起来，“预习”其实就是一种“准备”。通过预习，我们可以提前了解老师可能提问的问题，并做好充分的准备。准备得越充分，面对老师的提问时就会越从容、越淡定，甚至能够对答如流。工作亦是如此，我们不妨看如下例子：

甲问："关于明天的客户提案，你能简单概述一下我们的核心竞争力吗？"

乙答："当然可以。我们的核心竞争力在于三个方面：一是技术创新，我们不断投入研发，拥有多项行业领先的专利技术；二是定制化服务，我们根据客户需求提供一对一的解决方案，确保高度贴合；三是高效执行，我们团队响应迅速，能够在最短时间内交付高质量成果。"

甲问："听起来很棒！那针对客户最关心的成本问题，我们有什么优势吗？"

乙答："我们有优化的生产流程和规模采购优势，能有效控制成本，同时保持产品质量，为客户提供性价比最高的服务。"（金句点睛：对答如流并不是天赋，而是努力准备的结果。要始终相信，有准备的人才能赢得最终的胜利。）

面对沟通，有些人就像那些上课积极发言的好学生一样，总能应对自如；而有些人则像我一样，曾经一度感到慌乱、脑子短路，甚至一片空白。这些人其实并非不懂得准备的重要性，而是像"不打无准备之仗"这样的道理听得太多，以至于内心麻木，不再把它当回事了。他们认为，说话就是随心所欲，把事情说清楚就行了。然而，准备所带来的影响是"效率的提高"，可以更快、更高效地沟通，从而解决问题。

提前准备，虽然会耗费一个人的时间，但当场再思考，却会耗费两个人的时间。更重要的是，如果沟通对象是领导或客户，一个高效、干练的印象会让他们更加认可你和你所在的团队。因此，无论是为了个人利益还是公司形象，一场高效的沟通都至关重要。

而我个人，开始提前预习课程，反复琢磨知识点，并试着站到老师的角度去猜测他可能会提出的问题。这样做的结果是，我在课堂上变得更加自信，对老师的提问能够迅速做出回应。这种"提前准备"给我的底气，让我享受到了沟通的流畅感。

因此，我深信，长大后的我们，都希望在与人沟通的过程中总能享受到这种流畅的感觉。既然想有所收获，就必须先有所付出。你准备了多少，才能收获多少流畅与自信。

【敲黑板，划重点】

在某些场合，与人对话就如同进行一场“战役”，一旦战斗打响，有备而来的人总能品尝到胜利的喜悦，而毫无准备的人则往往只能沦为“炮灰”。

提前做好准备，可以显著提升沟通的效率。一场高效且成功的沟通，往往取决于你是否准备得足够充分。

沟通最基本的要求便是：确保交流顺畅无阻。而你所付出的准备努力，将直接决定你能收获多少流畅与成功的交流体验。

调整好情绪再开口

夫妻之间难免会有争吵，我也未能幸免。

有一次，因为某件事情与妻子产生了分歧，我们决定坐下来面对面地好好沟通。原本的目的是解决问题，然而，沟通却演变成了争吵，问题没有得到解决，反而更加严重，最终我们陷入了冷战。

我深思后找到了问题的根源：情绪在作祟。

当两个人都带有情绪去讨论问题时，讨论很容易变成争论，情绪逐渐升级，从平静的沟通变成激烈的争吵。情绪在沟通过程中起着至关重要的作用，良好的情绪有助于沟通，而不良的情绪则会让沟通陷入僵局。

无论是上司、同事，还是家人、朋友，如果带着情绪去沟通，结果往往是不欢而散。情绪与思维相互影响，不断激化，可能导致人们做出过激的行为，事后又后悔不已。

善于控制情绪的人能够更好地掌控沟通的局面，主导沟通的方向，甚至有效引导对方的情绪，将可能恶化的沟通重新拉回正轨。而不善于控制情绪的人则容易被情绪所左右，导致沟通效果不佳。

因此，在回应对方之前，做好情绪的准备同样重要。

例如，丈夫可能会说："这样天天吵闹的日子是你想要的吗？这样的日子，我真不知道自己还能忍受多久……"而妻子可能会冲动地回应："说得好像你比我还委屈似的，你忍不了，忍不了就离啊，那样，你解脱了，我也解脱了。"然而，话一出口，妻子就后悔了，心想怎么就扯到离婚了呢？

丈夫也可能被激怒，回应道："既然离婚对你来说是解脱，那就离！我放你自由。"妻子则更加生气，摔门进屋，躲在被窝里抽泣。她对丈夫失望，也后悔自己冲动之下说出离婚的话。

妻子脱口而出的话往往是冲动的，并非真心话，而是赌气的话。这种"口不对心"的话很容易激化对方的情绪，导致沟通不愉快，甚至失败。

但如果夫妻双方能够在说话之前都整理一下自己的情绪，让心情尽可能平静，哪怕是强制性地冷静下来，结果可能会大不相同。情绪平静后，冲动的因子会减少，理性的因子会增多，可以有效地运用思维能力来应对沟通。

理智的妻子针对上面丈夫抱怨的问题，会这样告诉对方："我也不想天天吵，这样的日子我也无法忍受，如果可以，我也想回到从前，一家人其乐融融……"（金句点睛：调整情绪，平静心湖，方能言之有物。情绪稳定，言语才显智慧，沟通始见成效。）那么沟通可能会朝着积极的方向发展。

先与对方产生共鸣，站到同一条战线上，让对方知道自己是真诚地想要与他解决问题。接下来可以一起深入地探讨现状、发现问题、解决问题、制定规则、互相尊重、共同努力。

如此，才算完成了一场有效的沟通。

【敲黑板，划重点】

良好的开端是成功的重要基石，因此，情绪准备工作应当在沟通之前就得到充分的重视。

我们应当持续关注并管理自己的情绪，努力在情绪恶化之前就将其平复下来。当感到自己无法控制情绪时，一个明智的做法是找借口暂时离开讨论的环境，为自己寻找一个静谧的空间进行自我调节。在这个空间里，我们可以让情绪逐渐回归平静，并在冷静的状态下思考应对策略。待情绪稳定后，再带着清晰的思路和对策重新参与到讨论中。

这样做不仅能够提升沟通的效率，还能避免情绪化的言辞和行为对沟通造成负面影响。

打好腹稿，回话无忧

继续探讨夫妻吵架的话题。

在情绪的驱使下，妻子可能会冲动地说出“离就离，谁不离谁是孙子”这样彻底僵化局面的话。对于丈夫而言，除非他愿意为爱放弃尊严，否则很难忍受这样的侮辱。如果丈夫计较起来，妻子又该如何应对？

比如，丈夫可能会挑衅地问：“怎么？离还是不离啊？”这时，妻子应该如何回应？如何破解这个僵局呢？

我认为，在没想清楚之前，不要轻易开口。沉默并不意味着示弱，而是给自己留下思考的时间。在心里默默构思一下，应该如何回应对方的问题。有了之前的教训，我们不能再任由情绪主导言辞，脱口而出了。

打好腹稿，就是三思而后行。问问自己：我该怎么回应？这样的话会引发什么后果？对方会有什么反应？如果对方不按常理出牌，我又该如何应对？在内心做好预估，打足草稿，才能做到有备无患。

面对挑衅，强势的姿态并不可取，除非你真的想离开你的爱人，结束这段婚姻。否则不要用强势的话语去冒险，去试探对方的底线。解决问题的方法有很多，为什么要选择最危险的那一种呢？

有些人会直接表达内心想法：“我不想离，那都是气话。”有些人会装糊涂：“离什么？”“离婚吗？”“我什么时候说过要离婚？”有些人会撒娇：“我可没说离婚。”还有些人会放低姿态，用幽默的方式回应：“你不是全家的大王吗？”（金句点睛：打好腹稿心不慌，回话从容有条理。言之有物显智慧，沟通无碍乐交流。）

这些回应都直接或间接地表达了自己不愿离婚的意愿。有时，一句幽默的话语就能化解尴尬和忧虑。打腹稿的目的就是找到对方最能理解和接受的语言表达方式，以一种彼此都舒适的方式进行沟通。

在生活中，我们经常需要当场回应别人的问话。即使如此，也要给自己留下“打草稿”的时间，哪怕只是一瞬间。在心里组织好语言，整理好论述要点。即使反应稍慢一些，也比慌慌张张、语无伦次要好得多。

在职场中，领导问项目进展如何时，我们可以在内心快速整理一下头绪，然后简明扼要地告知对方项目的进度、已完成的部分、正在筹备的部分，以及出现的问题和正在积极处理的措施。同时，要注意不要啰嗦，简明扼要地表达重点即可。

与同事沟通时，也要注意用词，比如，当老员工问新员工工资时，或者同事之间互相询问对公司项目的看法、对领导的评价时，我们要谨慎回答。

真诚是沟通的基石，但也要有所防守。即使做不到能言善辩，也要做到滴水不漏。滴水不漏意味着严谨、细致、周密、无懈可击。虽然有些人天生具备这种能力，但大多数人通过练习和准备也可以做到。

滴水不漏的沟通需要一定的“打草稿”时间。每个人需要的时间不同，但关键在于是否用心去做。只要我们愿意花时间去思考和准备，就能提升沟通能力，让沟通更加顺畅和有效。

【敲黑板，划重点】

在回话之前，先进行深思熟虑是非常重要的。这个思考的过程，实际上就是在为你的言辞事先打好草稿，确保你说出的每一句话都经过精心考量。

在思绪尚未清晰之前，保持沉默或少说为妙是一个明智的选择。因为多说多错，少说则能减少犯错的机会。避免在情绪冲动或思维混乱时发表言论，这样可以有效防止因言辞不当而引发的误解或冲突。

当遇到难以应对的话题时，你可以巧妙地转移话题，暂时避开敏感点。这种短暂的转移不仅能为你争取到宝贵的思考时间，还能在保持对话流畅的同时，避免陷入尴尬或紧张的境地。通过灵活应对，你可以更好地掌控对话的节奏和方向。

回话要有说服力

一个作家问你：“你看过我的书吗？”

你会怎么回答？

鄙人虽不是什么名家，但也出过几本书，对于这个问题我再熟悉不过了。碰到过作家朋友问我这个问题，我也曾问过别人这个问题。我提出这个问题的目的有两个：一是了解作品的关注度；二是了解作品的认可度。当然，我也曾听到过很多回答，其中有坦诚的，有虚假的，也有客套的。

于我而言，我最不喜欢听到的便是，“看过，我觉得很好，我特别喜欢”“看过，你的书一定会大卖”，每每听此，往往一笑置之，因为这些话让我所感觉到的是敷衍与客套。

相比之下，哪怕是那些“批评的声音”，反而更能让我欣慰。因为至少对方读过，言语真切，这是我所需要的。

当然，如果我问：“那你觉得哪里不好？”

对方说不出个所以然来：“我也不知道，反正就是觉得不好。”

那么，对于他的批评，我是不信服的。

也有些人会说：“我觉得篇幅太长，读起来难免有些视觉疲劳。”

有些人会说：“我觉得第三篇中有一节主要是写……其中的某一段话，对于那个观点，我不认同……”

对于类似于这样有理有据、有切入点的“批评的声音”，我是乐于接受的。

这便是一个关于说服力的问题。

什么是说服力？这里的说服力指的便是在与人交谈的过程中，自己的话语能够赢得对方的认可与信服。一个人的话能否被其他人所接受，决定性的元素有很多，但语言表达方式是其中最主要的一个元素。语言表达也是需要技巧的一门艺术，比如同一个场合，同样的一个观点，有的人表达出来具有信服力，而有的人表达出来却容易遭到质疑。

举个例子来说：

针对新产品的发布，宣传部门展开了一次会议，对现有的方案进行讨论。领导在进行了简短的开场介绍后，说道：“这是目前已经基本通过的一个方案，大家对于这个方案还有没有什么想法？比如有什么需要补充的，或是觉得有需要改进的？欢迎大家踊跃发言。”

一位员工率先发言，他说：“我觉得目前的方案已经很好了，不过我有一个小想法，就是宣传彩页的设计上能不能做出一些新意，增强它的设计感、艺术感，也许成本会高一些，但相比传统的设计效果会更好……当然，这仅仅是我的一个不太成熟的想法。”

领导没有表态，接着问道：“还有谁有没有什么想法，也可以大胆地提出来。”

另一位女员工开口了，她看了看手里的资料，然后说：“我觉得，将传统的彩页发放形式，改为‘线下、线上相结合’的宣传方式效果会更好。线上宣传需要的是人工成本，这些我们宣传部的人就可以做，所以没有额外的成本增加。我想重点说一下线下的部分，按以往的方式，虽然发放出去的彩页有几万份，但大多数都被人们扔进了垃圾桶，带客率很低，那既然如此，还不如将彩页印制的预算减少，挤出一部分资金用来购买小礼品，可以‘凭彩页免费到活动现场的指定地点扫码领取’，一个手机号限领一次，这样便可以减少彩页的丢弃率，在增加带客率的同时，还能通过扫码关注，在公众号对人们进行长期的影响与潜在的植入。彩页虽然少了，但有效性提升了。这样的方式，我认为效果会更好。”

领导对此赞不绝口，决定将具体操作事宜交给这位女员工，让她协同主策划人按照刚刚表述的想法将方案落实。（金句点睛：回话有力，言之有据。逻辑清晰，情感真挚，方能打动人心。）

可以看出，第二位发言的女员工所表达的想法与第一位员工基本雷同，都是在宣传彩页上做文章，但两人的结果却大不相同，一位得到了领导的高度认可与赞赏，一位却被领导无视了。

究其原因，主要有两点：

其一，语言表述方面，第一位员工的用词充满了自谦或自卑。比如说自己有一个“小想法”，在表述结束之后，又一再补充“这仅仅是我的一个不太成熟的想法”。“仅仅”表示的是仅供参考，可以忽视，“不太成熟”会加深人们对其所阐述观点的不认同感，因为提议者自身都将其定义为不太成熟，领导又怎么会有信心采纳呢？相比之下，第二位女员工对自己的提议则十分自信。

其二，在行动支撑方面，第一位员工有想法，但却缺乏具体的方案及行动支撑，而第二位女员工显然做足了准备工作，从提出想法、分析依据、表述方案到改进措施，十分全面且立体地表达了自己的提议，如此便大大增强了听者的认同感。

所以，依据很重要，但能够自信地表达、条目清晰、分析透彻、有理有据也很重要，当然，要做到这些，往往需要事先做好充足的准备。

【敲黑板，划重点】

要想让别人相信你，首先你要相信自己。

不讲虚言，讲话要有依据，批评也要有理有据，如果有相对应的改进建议，会让你的批评更有说服力。

用数据说话，也是增强说服力的有效方式之一。

第二章　拿什么回——打动人心的回话是用“心”

★用心回话，才能把话说到对方的心里去。

打动人心的回话是抓住对方的心

网上流传有一段董明珠、王自如与一位记者的对话，当时，王自如还在格力任职，场景是这样的：

记者问王自如：“作为公司高管，你一个月的收入情况怎么样？”

显然，这是一个非常有刁难性的问题，特别是在被问者的上司还在场时。

王自如说：“说实话，我没有看过格力给我的工资条，我来格力电器时，就问董总能否给我一间离您比较近的办公室，我好随时汇报工作，其他的我觉得不重要。”

这段视频一出，王自如遭到了很多人的嘲讽，事实上，在当时那种情况下，王自如的回答是最为合适的。作为老板，最关心的当然是你能不能为公司创造价值、努力工作，而非只想着挣钱。所以，王自如抓住了老板的心，他的回答是董明珠想听到的。

我具有丰富的人事招聘经验，面对众多前来面试的求职者，我会根据每个人的情况提出不同的问题。在这些回答中，有些人的回答让我印象深刻，而有些则显得平平无奇。

例如，当我询问“你是否会做XX方面的报表”时，有人直接回答“我不会”，而有人则说：“我目前作为应届毕业生，最强的能力是学习能力。如果公司愿意给我这个机会，我一定会用心学习，尽快掌握这项技能，为公司贡献自己的力量。”显然，第二个回答更得我心。尽管他没有直接回答“会”，但他展现出的积极态度和真诚渴望，让我深感欣赏。（金句点睛：打动人心的回话，是直击心灵深处。用情真挚，言语贴心，方能触动对方，赢得共鸣。）

再比如，当我问“对于应聘的岗位，你是否同意岗位调剂”时，有人可能会追问多个问题，以了解调剂的具体情况，这通常意味着他们不太愿意调剂。而有人则会回答：“我同意。”回答虽然简短，但我能感受到他们对工作机会的迫切渴望。还有一种更巧妙的回答：“我同意调剂，但我认为在目前工作岗位上，以我的从业经验，或许能为公司创造更大的价值。当然，如果公司安排到其他岗位，我也会全力以赴。”这种回答既表达了对心仪岗位的重视，又展现了自己的服从力和灵活性，同时还通过建议的方式为自己争取留在心仪岗位的机会。

在招聘过程中，面试官与求职者是两个相对独立的个体，彼此并不熟悉。作为面试官，我无法为每位求职者设身处地地考虑，因为应聘者众多而岗位有限。因此，谁能被录用并安排到心仪的岗位，很大程度上取决于他们在面试中的表现。

有些人说了很多话，但面试官可能一句也没记住；而有些人虽然话说得不多，但每一句都让人印象深刻。这并不是因为后者说了面试官爱听的话，而是因为他们更懂得运用语言技巧，给出巧妙的回答。这样的回答既加深了面试官对他们的印象，又让面试官了解了他们的诉求和真诚态度。

我曾遇到过一位最终被录用的应聘者，他在面试中表现得滴水不漏。起初我以为他是天生能言善道之人，但后来在工作接触中才发现并非如此。他实际上是一个埋头苦干、言语不多且说话严谨的人，想必他为了那场面试做了充分的准备和功课。这份用心最终得到了回报，他不仅得到了他想要的工作，而且在工作中表现出色，深得领导信任。

因此，一个人的回话是否用心、是否认真对待这场交流，对方是能够感知到的。在面试中，真诚的态度和巧妙的回答往往能够赢得面试官的青睐和认可。

【敲黑板，划重点】

要实现良好的沟通效果，关键在于找准话题并做到有的放矢。

在倾听他人讲话时，我们不妨深入思考一下，对方在说这句话的同时，内心可能有着怎样的想法和感受。这种换位思考能够帮助我们更好地理解对方的立场和意图。

回话并非简单的选择题，不是仅仅选择对方爱听的话去说，或者单纯地说出自己想说的话。更重要的是，要学会如何巧妙地将自己的想法传达给对方，并让对方乐于接受。这既需要技巧，也需要智慧。

因此，如何在回话中巧妙地将自己的想法植入对方心中，成为一个值得探讨的技术性课题。

性情不同，回话有别

就我而言，我身边的朋友性情各异，差异显著。有些人性格直率，说话快人快语；有些人则沉默寡言，惜字如金，你言十句，他或许仅回一句；有些人则显得老成持重，要么不说，要么一说便是字字珠玑，言简意赅，从无虚言；还有些人天生爱较真，一开口便是辩论模式，非要争个高低，论个胜负不可……

因此，在与这些性情迥异的朋友交谈时，我绝不能固守一种交流方式，否则难以应对自如。

当然，在朋友之间，保持自己的风格与调性无可厚非，毕竟每个人都有自己的性情与风格。但倘若一味地坚持自我，不知变通，那么朋友间的关系能否长久维持，每次交谈能否愉快进行，便都成了未知数。

若你对与某人的交谈并不十分重视，那么随性而为也未尝不可。但一旦你给予对方足够的重视，就必须拿出真诚的态度，花费心思去琢磨如何与对方进行愉快的交谈或有效的沟通，这才是关键所在。

对于那些直率的朋友，他们往往心直口快，说话可能不太顾及旁人的感受，但并非有意伤害或让人难堪。他们中的有些人会在话说出口后立刻意识到错误并尝试补救，而有些人则可能直到谈话结束都未能察觉。对于这类朋友，我们不必过于计较，有用的信息就听听，无用的就让它随风而去。与他们交谈时，我们可以畅所欲言，甚至进行辩论，因为他们大多属于“性情中人”，讲理不认人，有理便争，无理便服。

对于那些沉默寡言的朋友，我们在日常交谈中只需保持基本的礼仪和得体的言语即可。若他们主动开口，那通常意味着他们非常重视所提的问题或所谈的话题，并希望得到我们的重视与回应。此时，我们应展现出真诚与重视，将自己的看法和想法坦诚地告诉他们。至于他们能否接受或采纳，就是他们自己的选择了。

对于那些老成持重的朋友，他们大多谈吐谨慎。与他们交谈时，我们的回应必须跟上他们的节奏，保持理性与逻辑。最为重要的是，我们的回应必须实实在在，如果听不懂或讲不明白，就直言相告，切不可为了迎合而夸大其词或言过其实，否则会适得其反。

对于那些爱较真的朋友，如何回应取决于场合。在非正式场合，如朋友聚会时，我们可以大胆表达自己的看法与观点，即使说错了也无妨，因为朋友之间没有什么是一杯酒、一句玩笑话解决不了的。但在正式场合，如与客户或上司交谈时，我们需要谨慎出言，确保有理有据。对于无关利益的小事，不妨一笑置之；但若是事关工作、公司或个人利益的大事，我们则应据理力争。赢了需保持谦卑之心，输了也不必悔恨交加，一句“受教了”便是得体的回应。

我们不妨举一个销售工作的例子。

客户 A 属于急躁型。

客户 A：“这款产品的功能到底怎么样？你们能不能快点介绍完？我赶时间！”

销售人员：“当然，我非常理解您的时间宝贵。这款产品的核心功能是……（快速、简洁地介绍主要功能）。”

客户 B 是犹豫型。

客户 B：“这款产品看起来不错，但我不知道是不是最适合我的。你能不能再给我详细介绍下？”

销售人员：“当然可以，我理解您想要更全面的了解产品。这款产品的特点是……（详细、耐心地介绍产品特点，并给出建议）。”（金句点睛：性情各异，回话需察言观色。因人而异，灵活应对，方能和谐交流。理解差异，尊重个性，让回话成为沟通的桥梁。）

这两段对话展示了销售人员如何根据客户的性情调整回话方式。对于急躁型的客户 A，销售人员选择快速、简洁地介绍产品，以节省客户的时间；而对于犹豫型的客户 B，销售人员则选择详细、耐心的介绍，并给出建议，以帮助客户做出决策。

“见人说人话，见鬼说鬼话”，虽然这话听起来有些糙，但其中蕴含的道理却不容忽视。每个人在说话时都有着自己的期望与需求：有些人希望得到关注与重视；有些人希望得到真诚的指教与内心的坦白；有些人则希望得到认同与赞赏；还有些人则希望通过说话展现自己的才华与智慧，得到他人的仰慕与尊重；更有些人则希望通过说话找到与自己心灵契合的知音，可以无拘无束地谈天说地、聊东聊西、分享快乐。

有些人只和与自己“合得来”的人聊得来；而有些人则能与每个人都聊得来，即使不一定都“合得来”，但表面看起来是“合得来”的。这便是一种交际的能力与智慧。

【敲黑板，划重点】

我们应当具备宽容之心，去包容他人在言语上因无心而造成的伤害。

对于那些需要建议的人，我们只需真诚地给出建议，至于对方是否采纳，那是他个人的选择，我们无需强求。

除非万不得已，我们应尽量避免与人争论，特别是在一些微不足道的小事上。因为无论争论的结果如何，是输是赢，最终我们可能都会失去更多。

弹琴看听众，回话看脸色

你是否曾有过这样的经历：在聊天对话中，不经意间就触怒了他人。这往往源于我们在交谈中说了不当的话，可能是对方不爱听的，或是无意间触碰到了他们的敏感点，伤害了他们的自尊或情感。

举个例子，在一次朋友聚会上，大家都有不同的背景，有大学时的同窗，也有生意场上的伙伴，因为同在一个城市，交往频繁，关系也逐渐变得亲密。虽然彼此不一定深入了解，但每次聚会、喝酒、聊天、玩乐，都充满欢声笑语。正如一位朋友酒后所言：“在这个城市，压力很大，我们偶尔的聚会，就是一次释放压力、放松自我的机会。”

然而，即便是为了寻求开心，有时也会因为一言不合而闹得不欢而散。

那次聚会中，话题从东聊到西，不知怎么就转到了大学时光。大家纷纷分享着自己的大学生活，而张老板却突然变得沉默，只是静静地听着他人的趣事。

话题从大学趣事延伸到学历，再从学历谈到就业和成就。当大家聊得差不多时，张老板开口说："现在的社会，能力才是最重要的。高学历的人也不乏平庸之辈，低学历的也有很多人功成名就。"

对此，朋友老李立刻反驳："不不不，从概率上讲，学历还是很重要的。学历是敲门砖，没有学历，你连展示能力的机会都没有。那些'只重能力，不重学历'的公司，要么是小公司，要么是没得选的无奈之举。大公司每天收到的简历，都是名牌大学毕业、海归、有丰富从业经验或突出成就的。公司人事部门是在优秀人才中挑选更优秀的。虽然有些大公司为了吸引眼球，会说他们更看重能力，但在实际操作中，学历这道门槛还是存在的。"

张老板听后，脸色已经不太好看了。

朋友老李却继续追问："您也是开公司的，您说，从您的角度，一个高学历，一个低学历，您会选谁？能力嘛，是看不出来的，那就只能先看学历了。"

这明明是个问题，朋友老李却又在自问自答了。

张老板板着脸说："是，高学历的人才好找工作，但他们可能不知道，给他们发工资的老板，也许连初中都没毕业。所以，只要有能力，学历低也能当老板，让那些高学历的给自己打工。"

其他人看出了苗头，纷纷附和："对对对，成就大小，主要看能力，跟学历没什么关系。"

但朋友老李却不依不饶："怎么没关系？关系太大了。成功人士中，小学毕业的有几个？大学毕业的又有几个？学历决定的是知识面和眼界，很大程度上也决定了一个人的能力。"

眼看张老板的脸色越来越差，其他人赶紧转移话题，用酒杯化解了尴尬。

但从此以后，每次聚会，只要有老李在场，张老板就必定找借口缺席；如果老李不在，张老板则往往欣然赴约。即使偶尔碰到，张老板对老李也是基本无视，不主动搭话，回话也只是出于礼貌，毫无热情可言。

后来我们才知道，张老板只有一张小学毕业证书，初中都没毕业。这也是为什么他一直在为低学历者辩护，与老李争辩的原因。

由此可见，在对话中察言观色是多么重要。

如在一次团队讨论会上，项目经理提出一个新的项目计划。

项目经理："我们打算在下个季度启动这个项目，初步预算是50万元，时间周期为6个月。"

团队成员A（表情严肃，微微皱眉）："这个时间周期是不是有点紧了？我们之前的项目都超出了预定时间。"

项目经理（注意到A的脸色，调整语气）："嗯，我明白你的担忧。这个周期是我们初步估算的，确实需要再仔细评估下资源和进度。我们稍后可以再详细讨论下这个问题。"（金句点睛：弹琴时，观听众反应；回话时，看对方脸色。灵活应对，和谐交流，言语间尽显智慧与温情。）

在这个例子中，项目经理注意到团队成员A对时间周期提出的担忧，并观察到了A严肃的脸色。因此，项目经理在回话时调整了语气，表示了对A担忧的理解，并承诺稍后详细讨论，以更好地适应听众的反应。

如果上一个故事中老李稍微用心一点，在大家谈及大学趣事时，注意到张老板从"热聊"变为"少语"，就应该思考其中的原因。即便是猜测，也能猜出大概原因，比如对方上过的大学不够出名，学历不高，甚至可能没上过大学。

如果能够早点发现对方的不悦，及时婉转地转移话题，给对方留点颜面，或许就不会闹得如此僵了。

【敲黑板，划重点】

在回话的过程中，细心观察对方的脸部表情，就如同收听“天气预报”一般，能够为你提供对方心理状态的线索。

若对方脸上洋溢着开心的笑容，那便意味着当前的话题颇受欢迎，氛围良好。此时，你可以适度地加入一些调侃或玩笑，为对话增添轻松愉快的氛围，但要注意保持适度的原则，以免冒犯。

然而，若对方在听到某一句话后突然改变了脸色，那你就需要警惕了。这很可能是你的话触碰到了对方的敏感点。此时，你应该尽可能地以自然的方式转变话题，避免继续深入可能引发争议。

另外，如果谈话一开始对方就显得心情不佳，无论是生气还是忧伤，那么此时最好的策略便是保持沉默或少说话。你可以尝试用一些安抚的话语来平息对方的情绪，但切记不要过度干涉或强行扭转对方的情绪状态。

知己知彼，提前准备好回话

“知己知彼，百战百胜”，这一兵法原则同样适用于人际沟通上。当我们对沟通对象有深入的了解，能够准确把握其真实想法时，便能在沟通中占据主动，有效规避风险，引导对话向积极方向发展。

例如，在拜访客户前，若我们能事先对其性格、岗位职责、个人兴趣及人际关系等进行简要了解，那么在业务洽谈时，就能从其感兴趣的话题入手，迅速拉近彼此距离，建立初步的情感联系，使对方在愉快的氛围中对我们产生好感。这样，当话题逐渐转向业务时，自然会顺利许多。

我曾从事业务工作，有一次受公司委派去接触一位新客户。初次见面时，他显得有些冷淡，毕竟我们彼此陌生，我带着明确的目的而来，他对我有所戒备是情理之中的。对此，我早有预料，并未期望一次就能成功。第一次会面，我更多地是将其视为一次预热，为后续的深入交流打下基础。

在这次会面中，我仔细观察了对方的办公环境、态度及谈吐，搜集了初步的信息资料，为下一次的谈话做准备。例如，我注意到他书桌上摆放着几本养生书籍，便猜测他可能对此感兴趣。于是，我私下里也购买了相同的书，仔细阅读，以备下次谈话之需。

第二次拜访时，我故意多看了他书桌上的书几眼，用眼神给对方传递信号。果然，他主动问道："怎么？你也对养生感兴趣？"这正是我想要的对话开端。于是，我们围绕养生话题展开了热烈的讨论，整个交流过程十分愉快。（金句点睛：知己知彼，百战不殆。精心准备是成功的钥匙，每一次流畅的交流都源自事前的深思熟虑。）

虽然此次拜访大部分时间都在聊养生，但业务洽谈也在顺利进行，最终也取得了圆满的结果。

对于那些担心不知道对方会问什么、如何提前准备回话的人，这里有一种方法——引导。通过眼神、话语等方式，引导对方谈论你有所准备的话题或问题。

要想了解一个人，知道其在谈话中可能涉及的话题，只要我们肯用心，总会有收获。可以询问对方的身边人，也可以浏览对方公司的官网，查找相关资料信息，了解其升迁经历、参与的项目、获得的成就及在集体活动中的表现等。这些信息都能为我们分析对方提供依据。

回话确实可以提前准备，但前提是我们要对对方可能谈及的话题和问题有一个大致的了解。虽然很难做到精准预测，但只要我们有一个大致范围，就比毫无准备要好得多。即便无法确保胜券在握，但至少要做到有备而来。

【敲黑板，划重点】

在拜访客户之前，我们应事先对其性格特征、岗位职责、个人兴趣爱好及公司内部关系等进行一番简要的了解与梳理。

通过巧妙的引导，让对方自然而然地提出你早已准备好答案的问题，这将使沟通更加顺畅且高效。

回话的过程犹如一场考试，你需要事先圈定一个大致的范围，并用心去准备。如此一来，即便无法做到尽善尽美，也至少能够交出一份合格，乃至优秀的答卷。

寻找共同点，找到切入口

以我个人经历为例，我周围的朋友众多，但我总觉得与有些人难以交流，而有些人我们却能一见如故，相谈甚欢。有的交谈不过 10 分钟便难以继续，而有的即便聊上一整天，仍觉得意犹未尽。

这是人的性格问题吗？我认为不然，关键在于“话题”。

在与他人交流时，“和谁聊”或许重要，但“聊什么”则更为关键。有些人似乎能与任何人愉快交谈，并非因为他们与所有人都性格相投或兴趣一致，而是因为他们擅长从对方身上发掘共同点，并以此为契机展开对话。

如同陌生人之间，两个都有海外留学背景的人可能更容易找到共同话题，两个生活城市相同的人可能更加投缘，两个与公婆同住的女性可能更有共鸣，两个同为父母的人则更能相互理解。人与人之间的交往，往往因为志同道合而更加紧密。从小到大，我们结识的人虽多，但能成为朋友，尤其是知心朋友，却寥寥无几。最终留在我们生命中，时常联系，始终保留着深厚情谊的，往往是那些与我们志趣相投的人。而那些道不同、志不合的人，则在时光的流逝中逐渐被遗忘。

有些人可能会发现，自己最要好的朋友，性格、工作、城市、生活圈子都截然不同，如此迥异的两个人，怎么能成为多年好友呢？这样的朋友我也有，他们看似性格迥异，生活无交集，但交情却至深至厚。有心事时，总爱找他们倾诉，一见面就有说不完的话。有时即便沉默不语，只是坐在一起品茶，享受慢时光，内心也是愉悦的。

这究竟是为何呢？事实上，这样的两个人看似不同，但在某些方面必定有相契合之处。比如世界观、价值观、道德观的一致，衣着品位、兴趣点的相似，家庭结构的雷同，生活压力的源头相近等。虽然显性因素看起来不同，但在某些隐性因素上他们又是相同的。

因此，即便是看似完全不同的两个人，只要用心寻找，他们身上必定有共通之处。例如，一位退休的大学教授和一位卖菜的小摊贩，从表面上看似乎毫无共通之处，但只要一方愿意交谈，便总能找到共同话题。大学教授可以从小摊贩身边的孩子入手，聊起家庭和孩子；而小摊贩则可以从大学教授的提问中，引出地域和饮食习惯等话题。无论是聊孩子、做菜、家务还是婆媳关系，只要触及了这些家长里短，话匣子就容易打开。（金句点睛：寻找共同点，搭起心灵之桥。找到对话的切入口，让交流更加顺畅。）

所以，有时候寻找对方与自己的共同点，并在回话中巧妙地融合或引导出来，并没有想象的那么难。就像之前提到的，两个人可能因为一本书而倍感投缘，也可能因为同样喜欢一个演员、作家或画家而相见恨晚。

再比如，公司里新来了一位员工，在陌生的环境中难免有些拘谨。一次办公室聚餐时，新员工突然兴奋地对另一位老员工说："您也是习惯用左手啊？我也是个左撇子，只有写字时才用右手。"

老员工一听也来了兴致，于是两人坐到一起，从"左撇子趣事"开始聊起，逐渐聊到生活、工作和人生。一顿饭下来，两人的关系亲近了许多。之后，这位新员工也成功地融入了老员工在公司的朋友圈。

找到彼此之间的共同点，就好比找到了线团中的线头。一旦线头找到，接下来的交流就会顺畅得多。

【敲黑板，划重点】

在交流互动中，选择交流对象与确定交流内容，两者相较，后者的重要性往往更胜一筹。

有些人并非与任何人都性情相投，但他们却能与各色人等轻松愉快地交谈，秘诀就在于他们擅长发掘话题。

而最为理想的话题便是围绕彼此间的共同点展开，这样双方都能找到谈话的素材，也更容易对对方的话语产生共鸣。

积极主动，沟通有效

我的母亲依然眷恋着乡下的生活，每次来到我工作的城市小住，总是觉得无聊，难以适应，因此，每次都不会超过 10 天便坚持要回去。我曾以为，老人们大抵都是如此，更喜欢留在自己熟悉的生活环境中，面对陌生的环境会感到不自在。

然而，最近我家隔壁搬来了一位老太太，同样来自乡下，是来帮忙照顾孙子的。她操着一口不太流利的普通话，但性格却格外热情。作为同住一个小区的邻居，我习惯性地与她寒暄，比如一个礼貌的微笑，一句见面时的客套话。

初次见面时，我只是笑了笑，随口说了一句：“去买菜了啊？”老太太却眉开眼笑地回应我，详细描述了隔壁小区新开的那家菜肉店，价格实惠，菜品新鲜，比超市的还要好。我连连点头，面对如此热情的人，我们总是难以抗拒。

后来我发现，短短半个月的时间，她在小区里的人脉已经比我广泛得多，对小区里的人和事了解得也更加深入。不知何时，她已经与我的妻子熟络起来，我的孩子也总是嚷嚷着要去奶奶家找哥哥玩，实际上就是去这位老太太家找她的孙子。

之后的每次见面，我都会习惯性地说一句：“出去啊？”而老太太的回答则十分丰富多样，比如“是啊，我到楼上找个朋友”“我去超市转转，隔壁小区的老太太说今天超市有活动”“去公园走走，刚认识个朋友，邀请我一起锻炼身体呢”……（金句点睛：积极回应显诚意，热情互动增信任。）

我跟妻子开玩笑说：“老太太真是朋友遍天下啊，这人缘比我还好。”玩笑归玩笑，老太太的多样回答确实让我感受到了她在这个城市里丰富多彩的生活。她并不孤单寂寞，反而找到了许多乐趣。

她的人脉之广与她的主动和热情是密不可分的。城市中的邻里关系与乡下不同，人与人之间的交流相对生疏。我若说一句“出去啊”或“回来啦”，别人可能只是点点头，嗯一声，便各走各的路。而别人若与我寒暄，我也只是微笑着回应“是啊”，便没有了下文。

这位老太太却截然不同。同样是打招呼，你说一句，她能回你五六句。只要你开了个头，她也不匆忙，便能和你愉快地聊上半个小时，甚至一个小时。

一个人能否拥有良好的人际关系，与其沟通能力有着极大的关系。沟通能力强的人，往往能够在愉快的沟通中积累好人缘。

在沟通中，有人习惯于被动，有些人则更热情主动。这与一个人的性格有关，也与一个人的身份、地位及场合有关。有些人在某些场合需要收敛自己，以静制动，这是一种策略；而有些人则更喜欢主动出击，尽可能掌控局面，主导谈话。

然而，也有一些人不善交际，见到陌生人不知道该聊些什么。他们担心太主动、太热情会显得恭维，所以索性选择沉默。还有的人是因为对方的财富、地位、权势或有求于人而害怕说错话，所以不敢开口，认为少说少错，不说不错。

我们常说，“在家靠父母，出门靠朋友”“多个朋友多条路，朋友多了路好走”。虽然这些话听起来有些老套，但人脉对于生活和工作的影响力确实不容小觑。

如果你是一个被动型性格的人，别人找你聊你就聊，别人不聊你也不会主动开口，那么在生活中你的朋友不会太多。但在职场、商场中，这样的性格可能会牵扯到你的成长与发展。

比如，在沟通中积极主动的人，能够在热情营造的良好谈话氛围中表达自己的看法、想法和诉求。因此，他们往往能够成功涨工资、签合同、争取机会。而被动型的人则可能会错过这些机会。

我们要明白，机会是留给有准备的人的。但有准备的人那么多，只有那些主动开口、主动伸手去争取的人，才更有可能获得机会。

人活着，就是需要不断做出努力与改变的。我们要去适应社会的规则，学会与各种人交往，包括那些我们惧怕的人、陌生的人。给自己一个改变的理由，克服内心的恐惧与羞涩。不要怕失败、怕尴尬。**只要勇于去尝试，每一次失败都是一次经验的积累、一次成长。在失败中摸爬滚打出来的人，终将成为强者。**

【敲黑板，划重点】

面对他人的主动热情，人们往往难以抗拒其魅力。

在人际交往中，积极主动的回应不仅能够展现自己的诚意与热情，更能有效地增进彼此之间的好感与信任。

而在工作场合中，积极主动的回话更是至关重要。它不仅能够促进与上级的有效沟通，还能在协调工作中发挥重要作用，确保任务的顺利完成和团队的和谐合作。

第三章　回什么——不明所以的回话都是无效沟通

★回得快，不如回得对。

别烦，听完再说

宋代诗人黄庭坚在所作的诗词《赠张叔和》中写道：“百战百胜不如一忍，万言万当不如一默。”意思是说即使打一百场仗胜一百场，都不如忍一次；即使所有的语言都得当，都不如沉默一次。既然能百战百胜，万言万当，为什么要忍让沉默呢？

有些人觉得这是一种消极的生活智慧，其实不然。

从战争的角度讲，敌伤一千，自损八百，赢了又有什么意义呢！

从沟通倾听的角度讲，即使你说的话挑不出毛病，但你能保证你说的话都是对方想听的吗？当然不能，因为在你万言万当的时候忽略了听者真正需要的信息，这样的万言万当就失去了意义。

日常生活中，有些人在对方的表达还未结束之前，就觉得自己已经知道了对方要问的问题或后面想要说的话，于是不再有耐心继续听下去，并打断对方的表述，抢先接话或回答对方的问题。诚然，这种沟通方式在你预测准确的基础上可以提高沟通的进度，但并不能提高沟通效率。因为不论你预测得是否正确，都会给接下来的沟通带来一定的阻碍。

如果你预测错了，那么你所做的回话就是答非所问，即废话，对方需要重新表述，你需要重新回话。即使你的预测是准确的，对方在心理上也是难以接受的，因为你没有听完他的完整表述。如果这是一场谈判或讨论，那么对方心理及情绪上的感受同样至关重要，对方的“不爽”会让整个沟通迅速恶化。

说是沟通的基础，而听是说的基础，没有听明白就说出的话就是废话。瑞典有一名演说家、社会活动家叫阿诺尔德松，是 1908 年诺贝尔和平奖的获得者。他的每一次演讲都能得到人们的高度评价。有人评价道：“我之所以喜欢他，并不是他的演讲，而是他能够在演讲之余听我们说。”阿诺尔德松自己也说：“要想让民众喜欢你的演讲，首先要知道民众在想什么。”我想，正是因为阿诺尔德松先生善于倾听民众的想法，才会让他的演讲极具感染力、影响力，并且获得了诺贝尔和平奖。

在我们身边，类似于没听明白仅靠推测对方问题就急于回话的事情数不胜数。

妻子在电话里对丈夫说：“我说你怎么回事啊，前天我不是跟你说……”妻子还没说完，丈夫打断说：“买盐是吧，我今天下班一定去买。”妻子说：“谁说盐的事了，我说的是前天跟你说了，我今天要加班，让你今天早点去接孩子。”

张总对手下的一位主管说：“小刘，昨天我给你说的那个事儿……”张总还没说完，小刘打断话说：“哦，那个南天公司的项目策划书我们已经在做了，预计后天就可以结束。”张总有些不悦地说：“我说的不是项目的事儿，昨天我不是跟你说有个会议需要你们负责吗？我想问的是安排得怎么样了……”（金句点睛：耐心倾听，勿急打断。待言毕再述己见，尊重为先。沟通之道，在于倾听与理解，共筑和谐交流之桥。）

这样的回话案例我们几乎每天都会遇到，如果是亲戚朋友之间这倒没什么，说者重新说，听者重新回即可。对于很多人来说，可能并不会在意这些沟通细节，觉得没什么大不了。但如果是在职场沟通或商业谈判中，不仅降低了沟通效率，最为重要的是有损自己的职场形象，给对方留下不好的印象，让自己在谈判中失利。

在社交中，在每个人的心里都有一种渴望得到尊重的愿望，听对方把话说完，对对方来说，这就是一种尊重和理解；对自己来说是一种理解能力的磨练与知识的摄取；对双方来说，是一种沟通及感情桥梁的搭建。

没有听完对方的话就急于回话，原因有很多：

其一是自认为知道对方想说什么，自己该答什么。对于讲述者所讲的内容进行先入为主的判断，这本没有错，对对方表述内容进行预先分析判断有助于快速有效的回话。但是，有些人在分析判断后自觉得“就是这样”，从而打断对话开始回话，并形成了一种习惯。从心理学的角度讲，这是心智封闭的一种表现，一个善于沟通的人一定会努力保持一种开放、接纳的心态。他在倾听时总是寻找机会来拓展自己的心智，获取新想法或新洞察，而不是强化已有的观点。克服这个问题其实非常简单，就是在对方讲完后等待三秒再回复。

其二是帮助他人的心理比较急切。拥有这种心理的人表面看是有益的，但是因为倾听者过于“热心”，常常会打断说者的表述，造成回答与问题不对称的情况。克服这种问题的方法不是压制自己的“热心”，而是力求提供更加完善的帮助方案。

其三是急于表现自己。有这样一类人，特别是众人一起探讨问题时，他们常常会打断说者的表述，抢先诉说自己的想法或答案，然而却往往牛头不对马嘴。这类人在回话中就是出于“表现自己”的心理，想要给他人留下深刻的印象。其实，想要让对方记住你，不在于开口早，而在于开口表述得是否正确完整。

急于回话的原因还有很多，但不管是什么因素驱使，我们一定要明白，听完再说，才是最有意义的回话。

【敲黑板，划重点】

不要急，不要烦，回话的技术在于“回得快，不如回得对”。

不要预测，不要预判，因为预测对错与否，存在概率问题。听得完整，才能听得真切。

不要插话，不要打断，这是照顾对方的心理感受，也是最基本的礼仪与尊重。

待对方讲完后，等待三秒再回复。一是确定对方表述告一段落或已结束，二是给自己的思想一个缓冲的时间。

听得懂，才能回得明

三位妈妈在闲聊，第一位妈妈分享道：“我家孩子从小就爱书，总爱把书搂在怀里，你们说奇不奇怪？现在快上小学了，希望以后他还能这么爱书。”

第二位妈妈回应：“光爱抱可不行，得爱读、爱看才行。”

第三位妈妈则笑着说：“这孩子跟书有缘，人与物之间都有磁场嘛，磁场对了就喜欢上了。他从小这么爱书，以后肯定是个书虫。”

如果你是第一位妈妈，会更喜欢哪种回应呢？

想必大多数人会选择第三位妈妈的回答，因为这正是第一位妈妈渴望听到的。有时，人们的话语虽似抱怨，实则炫耀。

记得过年回老家，我带着妻儿去姑姑家拜年。大家围坐一起，喝茶、嗑瓜子、聊天。姑姑开始“抱怨”她刚出嫁的女儿：“这丫头太懒了，我还以为嫁人后会变勤快，结果回来还是老样子，睡到中午十一点，还得我给她洗衣服……我就担心婆家会嫌弃她，结果她说自己过得挺好。”

这时，如果谁顺着“懒”这个话题说下去，姑姑就会不高兴。但如果有人说：“你女儿有福气，婆家宠着，你还不高兴啊？我要是你，早就乐开花了。”姑姑立刻就会笑逐颜开。（金句点睛：倾听是回应的前提，听懂才能回应明白。）

妻子就是后者，夸姑姑的女儿有福气，被父母、公婆、丈夫宠着。姑姑虽然嘴上谦让，但脸上的笑容却藏不住。

回家的路上，妻子说：“真担心姑姑的女儿，刚嫁过去，公婆是客气，时间久了不知道会不会闹矛盾。毕竟是新家庭，还是要稍微注意点。”

“你刚才可不是这么说的。”我提醒她。

妻子反驳道：“你以为姑姑真是在发牢骚，让大家一起批判她女儿吗？你没听出来她话里的骄傲吗？她是在炫耀自己女儿懒也有人宠着。”

其实，不用妻子说，我也看出姑姑话语中的骄傲。她不是在邀请别人一起来批评女儿，而是希望别人夸她女儿嫁得好、地位高、受宠爱。

人心复杂，话语也深奥。有些话直截了当，有些话却难以捉摸。

与人沟通，“听懂”是关键。如果连对方的话都没听明白，又怎能回答得恰当呢？

就像上面两个例子，第二位妈妈没听懂第一位妈妈话语中的喜悦和自豪，而第三位妈妈却心领神会，回应得恰到好处。同样，妻子虽然不如我了解姑姑，但也听懂了姑姑话语中的骄傲和得意，回应的话让姑姑心满意足。

沟通中，双方都期待彼此能说清楚、讲明白，也希望对方能听懂自己的话、知道自己的需求、照顾自己的感受。只有“心灵相通”的沟通才能顺利进行。

【敲黑板，划重点】

话语往往蕴含深意，不可仅听其表面。有些人虽言语间似在抱怨，实则是在炫耀。

我们需要用心去感受，去体会对方隐藏在话语背后的真实情感与内心想法。

在沟通时，试着往好的方向思考，去顺应对方的期待，将话语说到对方的心坎里。

听懂话中话，明白弦外音

继续之前的话题。有些话语我们易于理解，而有些则显得晦涩难懂，这既取决于倾听者的理解能力，也关乎讲述者的表达方式。

有人偏好直言不讳，有人则热衷于拐弯抹角。一旦绕的弯子过大，听者便容易迷失方向，难以捉摸说话者话语中的真实意图。这便是我们常说的“话里有话”“弦外之音”。

战国时期，齐国外交家淳于髡便是此类隐喻高手。他擅长辩论，且对位居高位的相国邹忌心存不服。于是，他率领七十二名同样轻视邹忌的人，共同挑战邹忌。然而，邹忌同样是一位辩论高手，其口才在历史上也颇有名气，正如语文课本中的经典文言文《邹忌讽齐王纳谏》所描绘的那样。

高手对决，自然精彩绝伦。

对话伊始，淳于髡等人态度傲慢，而邹忌则表现得十分谦逊。淳于髡首先发问：“白狐裘补以羊皮，何如？”这在常人看来，简直莫名其妙，但了解淳于髡的人都知道，他善用隐喻。

邹忌却听出了弦外之音，明白这是在讽刺他占据高位却能力不足。于是，他回应道：“确实不能让小人占据高位，日后我必定选用君子，不让小人混入朝堂。”（金句点睛：倾听弦外之音，理解言外之意。洞悉深层含义，回应方能精准。）

接着，淳于髡又问：“内刚外柔，以为如何？”邹忌答道：“我会加强国内法制，不让狡猾的外人有机可乘。”

淳于髡再问：“三人共牧一羊，羊不得饱，人亦不得息，以为如何？”邹忌回：“应减少税吏和官员，以免扰民。”

淳于髡见自己的隐喻都被邹忌一一识破，且回答得滴水不漏，不禁连连称赞，心中认输，转身离去。

在场的许多人，本以为会有一场好戏，结果却看得一头雾水，完全不明白两人究竟在打什么哑谜。但也有一些明白人，听懂了其中的深意。正如人们常说的：“外行看热闹，内行看门道。”精彩与否，只有真正听懂的人才知道。

在现实生活中，也有一些人喜欢绕弯子、敲边鼓、侧面说话或使用隐喻。他们可能乐在其中，但听者却需要花费一番工夫去解开这些谜团，才能做出正确的回应。

有时候，某些场合需要直截了当地说话，而有些场合则更适合使用隐喻。设置隐喻自然有其用意，希望从对方的回答中获取某些信息。

例如，在求职面试时，用人单位可能会说：“我们公司交通不便，离你住的地方又远，以后上下班会很辛苦。”这句话的真实意图并非关心员工，而是想从求职者的回答中了解其态度和解决问题的能力。

我们可以将其理解为：“你能接受公司与住处之间的距离吗？你能克服交通不便的问题吗？你能承受来回奔波的辛苦吗？”如果你对这份工作感兴趣且能克服交通问题，最好将这些信息回传给对方，因为这可能是对方决定是否录用你的重要参考。

为何有话不能直说？原因多种多样：有人可能偏爱委婉的说话方式；

有人可能是为了维护他人自尊；有人是为了避免尴尬；有人是想考验对方的交际和沟通能力；有人是刻意为难对方；还有人可能是自觉难以启齿，所以选择另一种方式表达。

但无论原因如何，只要我们用心倾听，总能捕捉到其中的门道。

【敲黑板，划重点】

和颜悦色，未必意味着真正的友好，通过话语的细微之处，我们或许能窥探到对方的真心。

有时，这是出于场合的需要，有时则是惯用的套路，但只要我们用心领会，总能捕捉到一些不同寻常的意味。

在交流过程中，我们可以结合对方的语气、神态及其他细节，来辅助我们判断对方是否别有深意。

不懂就要问，不要不懂装懂

子曰："知之为知之，不知为不知，是知也。"此言意指，知晓便为知晓，不知便为不知，此乃智慧之体现。

有这样一则真实故事：

某年，我返乡参加亲戚婚礼，来宾中不乏左邻右舍的老街坊。几位熟络的便坐在了同一桌。

席间，上了一道砂锅炖整鸡，菜名中含有"虫草"二字，于是有人发问："这可是虫草炖的，肯定不便宜吧？"

另一人道："如此珍贵之物，定不会多放，放多了岂不赔本？"

一位老大爷转身问身旁的老太太："你说，虫草到底是啥样的？是虫还是草？"

老太太略有迟疑，随即故作轻蔑地说："虫草自然是草，只因长得像虫子，才叫虫草。"

老大爷与老太太乃多年老邻居，便不客气地反驳："你所说的怎么与我所闻不同？不是说从虫子肚子里长出来的吗？你见过没？"

老太太一听急了，说："我当然见过，我家姑娘嫁的那地儿，漫山遍野都是这种草，就跟咱这的野菜似的。有些地方少见，所以觉得稀罕，我家姑娘婆家那边的人，见多了也就不觉得稀奇了。她还说给我挖一袋尝尝，我说别费那劲了，我不要。"

"那她们还上什么班，虫草这么贵，满山挖虫草不就发财了？"旁人笑道。

"你家姑娘不是嫁到湖北了吗？湖北也产虫草？"又有人问。

老太太坚称："我亲眼见过的，还能有错？"

老大爷的 11 岁孙女在玩手机，似是用手机搜索了一番，然后大声念道："虫草不是长得像虫子的草，虫是真虫子，冬天是活虫，肚子里有真菌，夏天真菌长满虫身，虫便死了，真菌从虫体长出。网上说，它非虫非草，只因长得像草才叫虫草，且长在海拔高的地方，如西藏、青海、四川、云南等地，湖北没有吧？"

老太太嘟囔着："网上说的就一定对吗？"

或许是心虚，又补了一句："你说的那东西，跟我说的不是一码事，就不是同一种。我姑娘她们那确实有种野菜，叫虫草。"

至此，大家心里都已明了，嘴上也不再多言。但私下里议论纷纷，说那老太太不懂装懂，胡言乱语。

说话而已，何必打肿脸充胖子？不知便是不知，为何要装作很懂的样子？

说白了，就是面子作祟。有些人觉得，别人问自己的问题，若说不懂，岂不是很没面子？

工作中亦是如此。领导交代任务，讲了要点与注意事项后，问："听明白了吗？"

若你没听明白，该如何回答？

通常有两种选择：一是说出自己没明白的地方，领导或许不耐烦，或许会耐心再讲一遍，然后你按照明确的要求工作，保质保量完成任务；二是先顾全面子，敷衍过去，说自己明白，然后再寻他人帮助，或靠猜、靠蒙，结果喜忧参半，所完成任务未必符合领导预期，反而在领导心中失了分。

就如婚宴中的老太太，若面对老大爷的提问，她能回一句"我也不知道"，或开玩笑说"你都不知道，我怎么能知道"，再或者，表达自己的猜测，如"我也不知道，不过它既然叫虫草，是不是属于草一类的"，或许，就不会闹出那番笑话，成为邻里茶余饭后的笑料了。

工作中也应如此。新员工进入新环境，遇到不懂的情况就要虚心请教，这并非丢脸之事。孔子亦云："不耻下问。"

新员工小李刚入职不久，面对复杂的财务报表感到困惑。

小李（虚心请教）："张姐，这份财务报表里的这个数据，我不太明白是怎么得出来的，能麻烦您给我解释一下吗？"

张姐（耐心解答）："当然可以，小李。这个数据是通过……这样计算出来的，你明白了吗？"

小李（感激回应）："哦，原来是这样，谢谢您张姐，我学到了很多！"（金句点睛：遇到疑惑，要勇于发问，勿虚荣强撑。掩饰无知，反而会丢失颜面。）

在这个简短的对话中，新员工小李面对不懂的问题虚心请教，不仅解决了自己的困惑，还增进了与同事之间的关系。

【敲黑板，划重点】

勇于坦陈自己的“不懂”与“无知”，实则是智慧的一种体现。

强撑门面，企图以虚荣掩饰无知，往往会适得其反，本想保全颜面，最终却会颜面尽失。

面对工作中的疑惑，务必勇于发问，切莫因羞于启齿而留下隐患，否则一旦出错，只能自行承担后果。

认真专注地倾听，也是一种回答

“我有个表弟，最近不慎卷入了传销组织……”

“啊？这都什么年代了，还存在传销？现在的网络信息如此发达，传销手段频频被曝光，怎么还会有人上当受骗呢？那些总梦想着‘一夜暴富’的人，最容易被洗脑，深陷泥潭，难以自拔。你们可得好好劝劝他，不过估计难度不小。我前几天在网上看到一篇文章，讲的就是……”

很明显，讲述者正欲开启一个故事，却刚开个头就被打断了。

事实上，他想要讲述的是表弟误入传销，却机智应对，最终成功解救朋友并捣毁传销组织的故事：表弟原本只是去找朋友玩，却在未被朋友提前告知的情况下带去“听课”，他立刻意识到朋友已陷入传销组织中。于是，他绞尽脑汁，设法解救朋友。故事的结局是，表弟不仅没有被传销洗脑，还成功解救了朋友，并与当地公安部门联手，捣毁了一个庞大的传销网络。

有些人爱插话，爱打断别人，往往只听到一半就迫不及待地把话接过去，却忽略了对方想要表达的重点可能在后半句。

因此，在别人说话时，认真专注地倾听，这是最基本的礼貌，是对他人的尊重，也是一种教养。

有的人爱说不爱听，主观意识过强，总爱打断别人；有的人在没听懂的情况下就随意接话，反而让场面变得尴尬。

几位女士聚在一起聊天，其中一位脸上带着幽怨，说："这世上的人啊，有的人繁花似锦，有的人独树一帜。群山有群山的风姿，孤峰也有孤峰的傲骨……"

一位短发女人边听边想：这到底在说什么呢？完全没听懂啊。看她的神情似乎有些不悦，但话听起来都是好话，"繁花似锦""独树一帜""风姿""傲骨"也都是好词，应该是心情不错吧。

于是，短发女人率先接话："最近遇到什么好事了，今天这么有雅兴吟诗呢？"

一位长发女人笑了笑说："什么呀，这是遇到不开心的事了。你没听出来她话里的酸味吗？"

一位戴眼镜的胖女人也附和道："真不愧是你，文艺女青年，发个牢骚都这么有水平。"

没等幽怨的女人开口，短发女人就抢先说："你们从哪里听出来她不开心了？我觉得她这是在卖弄文采，变相地夸自己呢。"

这时，幽怨的女人终于开口了："我的确心情不好，就是觉得自己有点孤独，但又不想把自己说得太可怜……"（金句点睛：倾听，亦是一种回答。认真专注，展现尊重与理解。沟通之道，在于倾听，亦在于真诚回应。）

短发女人顿时觉得脸上火辣辣的，尽管心里不停地安慰自己"这只是闲聊而已"，但还是忍不住懊恼：早知道这样，还不如不说话呢。

曾经就有一位像短发女人这样的朋友向我倾诉，说事后觉得无所谓的事情，当时却觉得无比难堪，导致对整个谈话都失去了兴趣。

我说，这与一个人的性格有关。同样的情况，有些人可能会笑着自嘲："跟你们这些文艺青年聊天真是费脑筋，一不小心就会理解错意思。"而有些人可能就过不去这个坎，觉得接下来的谈话都无法融入了。

这时就凸显出倾听的重要性了。

伏尔泰说：“耳朵是通向心灵的路。”苏格拉底说：“上天赐人以两耳两目，但只有一张口，欲使其多闻多见而少言。”

倾听，也是一种智慧。在倾听中，一个人可以更加深入地了解另一个人，可以一边搜集信息，一边思考分析，让自己的回应更加严谨、得体与完美。

【敲黑板，划重点】

在交流时，应等待对方把话说完整后再接话，因为对方想要传达的重要信息可能蕴含在话语的后半部分。

当别人在发言时，我们认真且专注地倾听，这不仅是人际交往中最基本的礼貌，更是对对方的一种尊重，同时也体现了我们的良好教养。

倾听，是一种静观其变、洞察秋毫的智慧，它也是一种巧妙化解尴尬情境的有效策略。

第四章　不惧回——别胆怯，别不好意思

★会说话，首先要做到“敢说话”；让勇气走在话前面。

不卑不亢，回话不需要软弱

为人处世需秉持一种恰当的态度，尤其在与人对话时，表现出来的姿态至关重要，这往往与个人的身份、地位息息相关。

有些人因身份、地位显赫，便显得高傲自大，目中无人。若姿态摆得过高，其态度自然令人难以接受，这种态度被称为“亢”。相反，有些人地位卑微，与人相处时畏首畏尾，这种态度容易让人轻视，甚至不愿与其深谈，这种态度则被称为“卑”。

无论是“卑”还是“亢”，都不利于我们正常的人际交往。卑微易遭人怜悯或轻视，而高傲则易使人反感或畏惧，这些都不是与人正常交谈应有的态度，也难以达成良好的沟通效果。

在日常生活中，我们无时无刻不在与人交谈，无论是朋友、家人还是客户，我们无时无刻不在与人相处交流。有些人因性格自卑，在回答他人问题时显得软弱无力。他们总是过分考虑对方的感受，希望能得到他人的尊重和认可，对他人的要求几乎有求必应，说话唯唯诺诺，生怕得罪他人。

然而，人若过于软弱，就容易被人欺负。我曾目睹一位销售小姑娘被顾客刁难的情景。顾客拿着损坏的商品要求退货，理直气壮地指责小姑娘

卖给他的是残次品。小姑娘检查后发现商品是人为损坏的，但顾客此时却更加生气，要求见经理。小姑娘被顾客的气势吓得几乎要哭出来，低声细语地解释，却毫无底气。这种情况下，顾客自然会抓住她软弱的一点，不依不饶地要求退货或理赔。

面对顾客的质疑，小姑娘的回应显然不够坚定。既然一眼就能看出商品是人为损坏的，那么就不应该先说“对不起”。以“对不起”开头的解释会大大削弱之后阐述及证据的说服力。就因为这三个字，对方看到了她的软弱，反而更加咄咄逼人。

所以，在这种情况下，如果确定每件商品在售出前都经过了严格的检查，那么就应该坚定自己的立场。不要因为顾客的嗓门大、气势凶就吓得不知所措。应该正面回答顾客的问题，淡定且坚定地说出商品的售出流程及公司的检测规定。

比如在商场的售后服务区，一位顾客因商品问题前来投诉。

顾客：“你们这商品质量也太差了吧，我才用几天就坏了！”

售后人员（不卑不亢）：“非常抱歉给您带来不便，我会先检查一下商品的具体情况。根据我们的规定，如果是非人为原因造成的损坏，我们可以为您提供相应的售后服务。”

顾客：“那你们可得快点处理，别让我等太久！”

售后人员：“放心，我们检测一下，会尽快给您一个满意的答复。”

（金句点睛：不卑不亢，回话显力量。回话无需软弱，更勿傲慢。要以平等之心、真诚之言来回应。）

当然，不软弱并不代表可以欺客。与顾客好好沟通，态度不能过于强硬。讲明虽然不能退换，但可以为顾客申请维修，减少其损失。

在双方交谈中，很容易出现一方强势、一方弱势的情况。面对强势的人时，我们不能把他们看得太厉害。只要做到有理有据、不卑不亢，拿出自己的气势，据理力争即可。**在回话时要有自信，心平气和地面对所有问**

题，态度也要认真诚恳。每个人都应该被尊重，大家没有高低贵贱之分。因此，我们要学会在尊重别人的同时，也要学会保护自己的尊严。

【敲黑板，划重点】

在谈话中保持不卑不亢，这既是一种态度，也是一种高超的交流技巧。

与人交谈时，我们应做到有礼有节，既不过分傲慢，也不显得自卑。做人要有尊严，不应在他人面前表现得唯唯诺诺，更不应为了迎合他人而卑躬屈膝。每个人都应坚守自己的原则和风骨，这是我们作为人的基本底线。

在回应他人时，我们应端正态度，做到不骄不躁、不怒不嗔。要勇敢而毫无畏惧地面对每一次对话，用真诚和坚定去回应每一个问题。这样的交流方式，不仅能够展现我们的自信和从容，也能够赢得他人的尊重和信任。

有些话，别不好意思说

许多人在表达情感时都显得尤为含蓄，对于亲情的表达往往不够直接。我们深爱着父母，但能够坦然说出“我爱你”的却寥寥无几。在多数家庭中，父亲常常是那个沉默寡言的角色，因此，很多时候我们可能误以为父亲并不爱我们。母亲常常用拥抱和“妈妈爱你”来表达对孩子的爱，而“爸爸爱你”这样的言语却鲜少耳闻，这也使得许多孩子心目中的父亲形象只剩下严厉与严肃。其实，很多时候父亲只是羞于启齿，他们更倾向于用行动来表达爱意，但这些行动往往太过微妙，远不如语言来得直接。

语言是最直接、最明了的传达方式，它能从说话者的口中迅速传递到听者的内心。

我偶尔会问我的孩子：“你爱我吗？”她会毫不犹豫地回答：“我爱你！”然而，随着年岁的增长，面对同样的问题，我们却变得愈发羞涩。与人交谈时，顾虑太多只会让我们背负更重的负担。有些话，我们应该勇敢地说出来，否则别人无法了解我们内心的想法，我们自己也会感到不满足。（金句点睛：勇于表达，别害羞。真话实话，无需隐讳。直言不讳，更显真诚。沟通之道，在于坦诚，勇敢说出心中所想。）

早些年，一个朋友在面试前夜给我打电话，说他内心十分紧张。一问原因，一是他觉得这样的场合有压力很正常，就像学生即将进入考场一样；二是他非常重视这次机会，因为这家公司的规模、环境和地理位置都非常符合他的期望。面试时，他的专业能力得到了面试官的认可，面试看似进行得很顺利。但当面试官问他理想的工资是多少时，他却犹豫了。他心想：这么直白地谈钱是不是不太好？如果报得太高，是不是就会被刷掉？于是，他含糊其辞地说：“也没有什么特别要求，符合行业的岗位工资水平就行。”

然而，当他被录用并入职一周后，却因为薪资待遇不满意而辞职了。他在电话里告诉我：“各方面都很满意，就是薪资待遇方面不太满意，与我原来的工资相比没高出多少。”在面试时，我们需要了解清楚所有问题，特别是关乎自身利益的事情，如工资、福利、工作时间和休假等。切不可等到入职后才发现与预期相差甚远。

在面试技巧上，忌讳说“多少都可以，我觉得积累经验比较重要”。除非这真是你内心的想法，否则如果你对薪资有要求或期待，最好坦诚相告。有些人说“我不好意思谈钱”，但这样做的结果往往是浪费了自己和用人单位的时间。对于用人单位来说，坦诚的回答才是更有效的信息。如果无法满足求职者的过高工资要求，他们可以选择其他人；如果能满足且认可求职者的专业能力，那么这次招聘就能成功。求职者的羞涩不仅浪费了自己的时间，也使得用人单位的招聘工作变得无效。而一句坦诚的话就可以避免这些麻烦，何乐而不为呢？

此外，除了工资待遇外，我们还应该明确岗位的职责范围。不能应聘了经理岗位后却发现要从基层做起。要知道，面试是一个双向选择的过程，面试者和用人单位之间是平等的关系。因此，没有什么不好意思开口的。不要一开始就把自己定位到弱势一方，大方地表达自己的想法反而能展现你的自信。反之，如果你对面试官的问题都模棱两可，可能会让面试官觉得你毫无主见。只要不表现得狂妄自大，大方得体地提要求还是能给面试加分的。

【敲黑板，划重点】

在沟通表达时，我们应当避免过于含蓄，而应坦诚大方地表达自己的想法。

羞于开口往往会阻碍信息的有效传达，导致彼此间产生误解和分歧，难以达成深入的沟通效果。因此，在与人交谈时，要勇于提问，敢于回答，这不仅是沟通顺畅的关键，也是展现个人自信的一种方式。

在回应对方时，切忌躲避或含糊其辞，而应果断明确地表达自己的观点。这样的沟通方式不仅能提升效率，还能在交流中展现出你的决断力和清晰度。

回错话，随机应变别紧张

说话确实是一门深奥的学问，在回话过程中，我们难免会有出错的时候。但出错并不可怕，关键在于要懂得随机应变，冷静应对。

我特别钦佩那些擅长言辞的人，他们即便在触碰到你的敏感话题后，也能巧妙地将其圆回，让你听后倍感舒心。卡耐基曾指出，掌握机智灵活的语言应变技巧，对于演讲和谈判都至关重要。

在人际交往中，若不慎触及他人的痛点，很容易使双方陷入尴尬境地，导致对话难以继续。毕竟，每个人都希望被尊重，喜欢听悦耳的话，而不愿他人揪住自己的短处不放。

当我们说错话时，切勿慌张失措，而应迅速而恰当地纠正。不能因一时的口误就放任自流，及时更正总比一错再错要好。

纪晓岚的故事就是一个生动的例子。乾隆皇帝突然到访翰林院，纪晓岚因来不及穿衣，躲在桌下。待他以为乾隆已走，便探出头问："老头子走了吗？"不料被乾隆听见。

面对乾隆的质问，纪晓岚机智地将"老头子"解释为对皇帝的尊称："老"代表皇帝万寿无疆，"头"代表皇帝至高无上，"子"则代表皇帝是天子。这样的解释不仅化解了危机，还赢得了乾隆的赞赏。（金句点睛：回错话时莫慌张，随机应变是关键。冷静思考，巧妙转移话题，或幽默化解尴尬。沟通智慧，在于灵活应对。）

这个故事告诉我们，说错话并不可怕，关键在于如何随机应变、自圆其说。在古代，许多臣子在面对皇帝时都提心吊胆，一旦说错话便惊慌失措，结果往往更糟。而今日，虽然说错话的后果不再那么严重，但一个错误的回话同样可能影响很多重要的事情，无论是工作、爱情还是商业合作。

因此，在与人交谈时，若发现自己说错了话，首先要保持冷静，不要因对方身份尊贵（如领导或上司）而紧张不安。只有保持平和的心态，才能在冷静的思考中找到应对的策略，迅速圆场，化解尴尬。

如果某些错误实在难以圆场，那么坦诚地承认自己的言语失误也不失为一种明智之举。这样可以让对方感受到我们的诚意，并通过后续的谈话来弥补这一过失。

当然，如果错误对双方的影响并不大，我们也可以选择淡化处理。避免过多解释这个话题，而是用后续的谈话来掩盖这个小插曲。有时候，过于在意和急于解释反而会让对方产生不满，甚至抓住这个错误不放。

【敲黑板，划重点】

如果回错了话，切勿慌张，应及时改正。切勿因一时的口误就放任自流，毕竟，及时更正总比持续犯错要好。

智者说话灵活多变，蠢人则言辞呆板。在与人交谈时，懂得随机应变，避免把话说得太死，这是人际交往中的一种智慧。

面对不同的对象，在回错话时应采取不同的应对策略。可以运用自身的阅历，或是借助幽默诙谐的语言，来巧妙地掩盖言语上的失误。

该拒绝的时候别不好意思

我们始终渴望成为善良的人，但在社会的复杂环境中，善良也需要有自我保护的盔甲，因为有时，面对某些人，过度的善良反而会招致恶意。有些人会滥用你的善良，有些人会无视你的付出，你明明已经为他们倾尽所有，他们却未必感激，反而将你的付出视为理所当然。

因此，当恶意的言语袭来，我们的回应中应包含拒绝，不要犹豫，这是自我保护的一种方式。

小肖，一个刚步入社会的女大学生，凭借出色的专业成绩和真诚的态度，很快找到了工作，在城市里安顿下来。刚从校门走出的她，内心依旧单纯善良。

初入职场，小肖虚心好学，工作积极。她认为，作为新人，应向前辈虚心请教，所以她待人热情，乐于助人，希望能尽快融入新环境，建立良好的人际关系。对于他人的“请求帮忙”，她从不拒绝，即便工作再繁忙，也会挤出时间，迎难而上。但她未曾料到，职场中存在一种“欺新现象”，老员工打着帮新人熟悉工作的旗号，让新人帮忙做事，甚至直接命令。小肖就遭遇了这样的问题，她发现，“请求帮忙”逐渐变成了“指挥、命令”。她经常听到这样的声音：

“小肖，帮我复印这些文件。”

“小肖，帮我把这些文件送到经理那里。”

“小肖，帮我录入这个文档。”

“小肖，帮我拿一下快递。”

甚至到后来，连扔垃圾、接咖啡、拿外卖等个人事务都让她来做。起初，小肖认为，一是为了搞好同事关系，二是可以多学点东西，于是能帮则帮，几乎从不拒绝。然而，情况逐渐恶化，除了本职工作外，她还要应对越来越多的额外“指令”。同事们看到“这个新来的”好说话，于是纷纷请她“帮忙”。小肖忙得不可开交，但又不好意思拒绝，只能硬着头皮干下去。于是，办公室里出现了一个忙碌的身影，她每天都要加班，时间久了，不但帮同事做的事出现了问题，自己的工作也出现差错。最终，领导质疑她的能力，同事埋怨她出错。这就是“出力不讨好”。

这个场景让我想起了电视剧中的“便利贴”角色，小肖在职场中也成了这样的人。然而，这种情况下，她根本无法学到东西，甚至别人会把她的善良当作理所当然。她的任劳任怨并未得到感激，一旦她的事情做得不好，还会受到冷嘲热讽。

这一切的根源就在于：不懂得拒绝。每个岗位都有明确的职责和一定的工作量。在饱和的工作量下，再去帮助别人本就是一件为难的事。尤其是对于新人来说，刚进入公司正是培养自己能力的时候，而不是“能者多劳”，一个人做几个人的工作。要把所有精力用在本职工作上，精益求精。因此，当他人请求额外的工作援助时，如果感到吃力，就应拒绝。

一来，如果帮出了问题，责任在谁？二来，工作饱和的状态下，因帮助别人而损害了自己的利益，谁来承担？三来，“欺新”行为应从一开始就制止，否则只会愈演愈烈。

说个“不”，真的有那么难吗？其实，难就难在人们怕尴尬、怕伤面子、怕伤和气，却从不怕伤自己。生硬的拒绝确实会让人尴尬，所以拒绝他人时也要讲究技巧。比如：

学会委婉地表达拒绝，面带微笑、语气和善，或者以玩笑话拒绝，尽量减少对方的不适感。比如：“姐姐，我是真想帮你，可我手头的工作实在太多了，正是关键时候……”

必要时也可以搬出领导作为挡箭牌：“我手里的这份文案，领导催了几次了，急着要呢，我实在抽不开身……”（金句点睛：勇于拒绝，不必羞涩。明确立场，保护自己。沟通中，学会说“不”，是一门艺术。）

搬出领导后，如果他再安排其他任务给你并因此影响了你的正常工作进度，他就有责任了。

或者，我们也可以先肯定再把决定权丢回给对方：“可以倒是可以，不过看你是不是急着要，不急的话先放着，如果我忙完手头的工作时离下班时间还早，那我就帮你做一下。如果时间不够用，就没办法了。”这样既保证了自己的工作时间和质量，又向对方传达了一个信息：我不会利用下班时间加班为你工作。

【敲黑板，划重点】

我们不应试图取悦每一个人，特别是那些恶意或披着善意外衣的隐匿恶意。面对这些，我们要学会巧妙地反抗，既不迁就他人，也不为难自己。

对于无理的要求，我们应当坚决拒绝。一味地不懂得拒绝他人，往往只会让自己陷入费力不讨好的境地。你的全心付出，换来的可能是他人的得寸进尺。

该反击的时候别胆怯

前面提到过淳于髡这个人，他能言善辩，且好与人辩。有一次，他对孟子出言刁难，想要压一压孟子的气焰。

淳于髡问了孟子一个问题："男女授受不亲，是不是礼？"

孟子说："是礼。"

淳于髡又问："那你嫂子溺水时，是否应伸手去救？"

这个问题抛出来，就相当于是给孟子挖了一个陷阱，让孟子陷入一个两难的境地。在现代社会，男女之间关系好的，握握手，扶扶胳膊，爬山旅行中你拉我一把、我拖你一程，都属正常，但在当时的时代背景下，男女授受不亲，是关乎伦理的大事，人们将礼节看得十分重要。所以，除了夫妻以外的男女之间是万万不能有肌肤接触的，哪怕只是手碰手。

所以，淳于髡问这两个问题的意图在于：你敢否定男女授受不亲吗？你不敢。那么嫂子溺水需要你用手救，你救不救？不救就是禽兽，你枉称儒家亚圣、大学者。如果救，那你就有违礼数，否定了男女授受不亲这个礼，那你就是伪君子。

对此，孟子却十分坦然地说："当然要伸手去救了，嫂子溺水若不救，就是豺狼。男女之间不用手传递物品，这是礼；嫂子溺水用手去救，这是特殊情况，是权宜之计（不能等同论之）。"

淳于髡见这个问题没能难住孟子，反而让自己难堪，于是便把问题升级，上升到了天下。

淳于髡问："那么，天下的人都溺水了，你去不去救呢？"

淳于髡的意图在于：你不是讲求一个"仁"字吗？不是讲得头头是道吗？哪怕有违礼数也要去救溺水的嫂子，那么天下人溺水你救不救？你若说不救，那你天天假惺惺地讲什么仁政，全是空话，那你就是虚伪小人。你若说救，那我倒要看看你做了什么？救了哪些人于苦难之中。若是你明明没有做过的事，却要强逞英雄，那就别怪我当着众人的面嘲讽你。

对此，孟子回答说："天下的人都溺水，应当用道去救，难不成你要用手一个一个地去拉他们上来吗？"（金句点睛：面对挑衅，勇敢回击。以理服人，无需胆怯。巧妙回应，展现智慧。沟通中，适时反击，维护自我，彰显个性。）

孟子的回答让淳于髡哑口无言，甘拜下风。

在当时，不论是地位还是权势，淳于髡都占上风，处于高位，但他却主动挑衅，想要给孟子难堪。

现代社会中，也不乏这样的情况，有些人仗着权势、地位、财气，于是便不把他人放在眼里，言语挑衅，不是奔着和平相处而来，而是奔着令你难堪而来。那么，这种情况，该如何回应？

自然是不能忍的。

大多时候，我们总讲，"小不忍则乱大谋""能忍则忍，忍得一时，便风平浪静""忍常人所不能忍，成常人所不能成"，但人活着也是要有骨气，有血性的，不能任由他人践踏自己的自尊而无动于衷，这样只会加剧他们对我们的轻视，让他们在言语和行为上的挑衅变本加厉。

比如同在一个公司做事的同事，财力悬殊的酒肉朋友，一个任人唯亲、不讲原则的上司……他们在因为某些偏见而欺凌你时，我们可以选择一忍再忍，但一旦触及了我们内心的底线，便无需再忍。

在心里给对方几次机会，我忍你一次，是出于礼貌；忍你两次，是出于教养；忍你三次，是出于"以和为贵"的胸怀；到了第四次，我便再也找不到理由去忍你，那必是我还击的时候。

对于欺凌，就是要将其掐死在萌芽状态。否则当欺凌在时间与次数中成为习惯，那便是无休止的折磨。

大胆回击，无需胆怯。如果是朋友，这样的朋友不交也罢；如果是同事，能和则和，不能和又如何，各做各的工作，各拿各的薪水，井水不犯河水，大家在工作能力上比高低；如果是上司，最大不了的，不是你炒了我，就是我炒了你，离开了污河，也许我能遇见大海。

【敲黑板，划重点】

有些话，我们不必计较；有些挑衅，我们不必理会；但有些攻击与欺凌，我们必须反击。

想一想，最坏的结果和长期的语言欺凌，两者相比哪个更糟，也许你就不再胆怯了。

当别人不以和为贵时，你自然也不必怕僵化彼此的关系。

敢于开口，但不犯忌

在与人交谈时，我们固然应当鼓励自己大胆开口，但更需注重方式方法，不可随心所欲，否则沉默或许更佳。

有些言辞，无需直白道出，在某些场合，隐晦一些更为妥当。

例如，一位女职员提交了调职申请，办公室内的同事得知后，关切地询问原因。女职员便倾诉道：“还不是因为张经理，他总是找各种理由骚扰我。从一开始，我就感觉他看我的眼神不对劲，总是找茬让我去他办公室，看似谈工作，但笑容总透着猥琐。一下班，不是发短信就是打电话，总想约我出去吃饭。我不去，他就给我穿小鞋，故意刁难我。最近更过分，开始对我动手动脚，碰碰手、拍拍肩，还有那种眼神……反正我在这个部门是待不下去了。”

同事听后，显得十分惊讶。女职员继续说道：“如果不是因为我真的很喜欢这份工作，公司大、环境好、待遇高，之前是挤破了头才进来的，我真想辞职不干了。”

同事又问：“那张经理能同意吗？”

女职员回答：“我还挺感激他的，他同意调职，说过完周末，周一再和人事部沟通。”

女职员度过了一个愉快的周末，周一，她满怀期待地来到公司，却被张经理叫到了办公室。他表情严肃地说：“调职申请没通过。”

没有过多解释，只有一句冷淡的话语。

女职员不解地问：“为什么？”

张经理回答道：“什么为什么，要干就干，不干就走人，把辞职报告交上来，我马上批。”

女职员争辩道：“我递交调职申请那天，你明明说同意的。”

张经理却反驳道：“一张乱说话的嘴，我能放她到别的部门继续毁我名誉吗？”（金句点睛：敢于开口，勇于表达。但言辞需谨慎，勿触忌讳。）

此时，女职员才恍然大悟，原来是自己之前说的话传到了领导耳中。她感到十分愤怒，既对张经理不满，也对那位同事心生怨恨，觉得自己被出卖了。

然而，问题的根源在于她不懂得回话之道，最终搬起石头砸了自己的脚。

职场如战场，同事亦敌亦友。再亲密的关系也需保持一定的距离，因为你把对方当朋友，却未必清楚对方如何定位你，以及他在你和领导面前分别扮演了什么角色。有些人、有些事，堪比职场中的“宫心计”。害人之心不可有，但防人之心不可无。这是做人之道，也是生存之道。

对于“性骚扰”这类事件，除非有确凿证据，否则不宜对外宣扬。若有证据在手，你便拥有更多的选择和撕破脸的底气；若无证据，你的控诉只会成为他人口中的“诋毁”与“诽谤”，甚至可能反遭人倒打一耙。

再者，调职申请即便起初获得同意，但尚未尘埃落定之前，你仍属于这个部门，仍在原领导手下工作。此时最忌讳的便是背后议论领导。

无论是调职还是跳槽，人们总会面临“为什么离开”的询问。离开原部门、离开原公司的真正理由往往不尽如人意，如领导无能、受到欺压、被排挤、待遇低、公司黑幕等。越是如此，越需谨言慎行。

若直言领导无能，人事部门会质疑你心高气傲；若说受到欺压，人事部门会认为你抗压能力差；若言被同事排挤，人事部门会担忧你处理人际关系的能力；若谈待遇低，人事部门会怀疑你只看重薪水，缺乏忠诚度；若揭露公司黑幕，人事部门会心生畏惧，担心你离开后会曝出更多不利信息。

或许有人会问：既然说真话会面临诸多不妥，那人事经理为何还要询问呢？他们明知道难以得到真实的回答。

事实上，人事部门询问“为什么离开原职”，并非为了倾听你的控诉，也不在乎你是否隐瞒了真相，而是考验你能否给出一个恰当的解释。这也是一种能力的体现。

因此，面对提问时，我们不仅要敢于说话，更要善于说话；要知道什么该说，什么不该说。说话如同饮食，有宜有忌才能科学、健康地发展。

【敲黑板，划重点】

在应对提问时，我们不仅要勇于开口，更要懂得“巧妙表达”。

言语之中存在宜与忌，明确知晓哪些内容适宜分享，哪些问题应当保持缄默。

有些言辞，无需直接坦露，在某些情境下，采用更为含蓄隐晦的方式表达会更为妥当。

第五章　回话有界——说话有技巧，回话有原则

★做人讲原则，回话亦有原则。

真实：不夸不藏，实事求是

古语有云："举贤不避亲。"意思是因为职务需要，向他人举荐贤能之人时，不必因其是自己的亲人而避讳。

朋友聊天说过这样一件事：他们公司有一员工因家里有事离职，公司内部未找好接替人手，便发布了招聘信息。而他就负责面试。那两天他每天加班，都有人给他送水，还是同一个人。刚开始忙，他没怎么注意，道一声谢谢也就继续工作了。可次数多了，他便开始留意起来。直到又一次送水，他看出同事欲言又止的样子问道："老王，你最近有什么事需要我帮忙吗？"

同事老王说："没啊，那个……咱们公司最近的招聘怎么样了？"

从他问的话里就不难看出来他有意于这个职位，可能是想要推荐自己的亲朋，而又觉得唐突，毕竟"关系户"自古以来都是为人所诟病的。

朋友说："暂时还没有招到合适的人选。怎么？你有合适的人要推荐吗？"

老王说："是。我有个表弟学的就是对口的专业。刚毕业，我想让他试试。"

朋友说："刚毕业的学生，工作能力怎么样啊？"

老王急忙说："你放心，虽然是刚毕业，但他不是一个只会纸上谈兵的新手。他没毕业的时候就已经兼职工作了两年了，工作能力、交际能力都挺强，踏实能干，脑子也灵活，什么东西一学就会。上岗就能当老员工用。"

朋友开玩笑说："有没有你说得这么好呀？"

老王连忙解释说："好不好的，你给他个面试的机会，你当面看一看，你觉得行，就录取；你觉得不行，那也没关系。我是前几天才了解到我这表弟正在找工作，凑巧咱公司也需要人，我就想跟你举荐一下，但又不知道怎么开口……"（金句点睛：真实为本，不夸不藏。实事求是，方显真诚。沟通中，真话实话，方能赢得信任。）

朋友说："那倒没关系，举贤不避亲嘛，只要他有能力，不论他是谁都有这个机会。那你让他明天过来面试吧，合适的话就留下。不过丑话说前面，如果没有被录用，咱俩之间的关系可不能受影响啊。"

老王连连说好。

第二天的面试非常顺利，老王表弟入职之后的工作表现更是强于上一任工作者。工作能力强，而且为人处世也是特别严谨、认真，有什么问题也会虚心向同事请教，很快就和同事打成了一片。

事后，朋友跟我说，他非常庆幸，没有错过这位好员工。

虽说是"举贤不避亲"，但人们对被举荐者通常都不看好，心里难免会觉得：如果真有本事，哪还用找人托关系！

因此，在比较敏感的"任人唯亲"这个问题上，如果你是举荐人，想要向公司领导举荐人才，被问到"他工作能力如何"时，最好的回答便是：真实地阐述，好就是好，不好就是不好，但要掌握技巧，技巧到位，也可以做争取。比如，在坦承的前提下，多说一些优点，少说一两个缺点，这样显得自己的评价更为客观；再比如，可以结合优点说缺点，缺点更容易被弱化，如："他的专业虽然不对口，但工作态度好，人踏实肯干，学习能力强，反正眼下没有合适的人选，不如先让他试一试。不是有试用期吗？不行再让他走也可以。”

再者，即便对方真的很优秀，你一直想不出有什么缺点，也可直言：“你要说优点，我了解到他……不过你要讲缺点，我还真一时说不上来。是人都有缺点，不是我隐瞒不报，是我不能在不够了解的情况下胡说、妄言。”

另外，在阐述优缺点时，首先强调：“以我个人在交往过程中对他的了解来看……”阐述优缺点之后，再补充一句：“当然，一个人不可能完全了解另一个人，我说得也不一定准确，具体情况，你可以当面了解看看。”先争取到机会，之后成功与否要看被举荐人自己的表现与真实能力的展现，能不能抓住机会，不负厚望，就是他的事了。

除了大众所说的举贤不避亲外，还有一句“举贤不避亲仇”均是出自晋平公与祁奚的对话，而后孔子听闻，称赞道：“推荐外人不排除仇人，推荐自己人不回避儿子，祁黄羊可以说是大公无私了。”

说话真实可靠，实事求是，人们自然会增加对你的信任度，平常做事也会更容易些。毕竟人与人的交往均是建立在信任的基础之上。正如上文中推举人才的时候，如果同事把表弟夸得天花乱坠的，那么朋友反而不会对其抱有希望，严重的，可能会因为其不好的印象影响到他表弟的面试。言语真实，增加可信度才更可靠一些。

当与人交流，谈到某人某事之时，不夸不藏、实事求是才是最好的状态，也是问心无愧。

【敲黑板，划重点】

在遇到纠纷的时候，试着从局外人的角度思考问题，到底错在谁，或者双方都有错。

与他人谈话，说到人与事情，在自己不了解事情发展经过的时候，不要妄下结论。

简明：抓住重点，简洁有力

这个标题让我瞬间想起一位朋友的故事。

一次三人同行，他女朋友问他："你中午吃的什么呀？"

"我吃过了。"

"我是问你吃的什么。"

"我在外面吃的。"

"……你吃的什么？"

"饭啊。"

"到底是什么？"

"就是咱之前去的地方。"

女朋友瞬间黑脸，说："咱俩去吃过的饭店多了，我是问你中午吃的是什么饭！"

"羊肉汤啊。"（金句点睛：回话要简明扼要，抓住重点。答非所问，等于是无效沟通。）

这两个人的对话，我一个旁观者都听不下去了。当然，我十分能够体会他女朋友的感受，因为平常我们在和这位仁兄讲话时，他也是这样，言语飘忽，总说不到"点"上。

一个简单的问题，非得答非所问，三番五次才能回答出来，而且他本身不觉得自己说话有什么毛病。这便是他身上最大的毛病。其实，几个回合下来，问问题的人并不是一定要知道他吃的是什么，反而"较真"的心会胜过"求解"的心，就想看看，对方能不能够、什么时候能够，给一个"对题"的答案。尤其是对于有强迫症的人来说，尤为折磨。

关系比较疏远的，通常没有这般执念；关系越是亲近的，才能放得开去较真，不论几个回合，非要讨到个答案才肯罢休。

但在平等的沟通关系中，一方问，一方始终抓不住问题的重点，这的确让人抓狂。

一是你会感觉和这个回话抓不住重点的人说话，就像两条平行线，在两个频道上，这样没有交叉的谈话，如何能够使心情愉悦？

二是即便言语再简练，但没回到“点”上，属于无效沟通，这样一来，一个回合、两个回合、三个回合……只为搞清楚同一个问题，只会浪费双方的时间与精力。关于吃饭问题的谈话也许是小事，但如果涉及工作呢？总有一些问题是需要一个明确的回答，无法含糊而过的。

问题有两个方面，一方面是抓不到别人说话的重点；另一方面是自己说话没有重点。

这两个问题的源头是逻辑思维能力的欠缺。

想要改善这种现象，有两个简单的方法：一个是阅读，另一个是书面表达。

阅读并不是说指定去看哪一本书，而是要提升阅读量。阅读也不是规定只能看文学类的书籍，不同的题材所培养的能力也不尽相同，小说有画面感和情绪想象力，以及语言组织能力。若是阅读哲学类书籍，则要求人去运用抽象思维，虽然可能没有小说那么生动有趣，但其也是必要的提升方式。阅读时，有的书不需要着重看细节，而是注重逻辑，一边看，一边在脑海里把那本书的大框架理出来，提升自己的总结能力。就算是读完一本书就忘了大部分内容，也可以提升一部分逻辑思维能力。

若是觉得自己的表达能力较弱，比如脑子里有大纲，但就是无法确切精准地表达出来，思维不清晰，也可以用书面表达来进行锻炼。

书面表达给了人足够的时间去理清思维，并进行语言组织，字斟句酌，薄批细抹。对于写作范围，可以是生活日记、读书笔记、观影有感，或是天马行空的想象，也可以是对于某一个问题的推敲，记录。并且写完之后还有认真的校对修订，每一次修订过程中，除了排除错别字和语法错误外，大部分时间都是在分析自己的逻辑，并进行完善修改。其间可以通读全文，以便更明确地发现语法及逻辑错误。

【敲黑板，划重点】

听人说话要听全面，并注意其着重突出的词汇。

回话要简洁，把回话简短到能用一句话概括你想要表达的观点就可以了。

不要过度解释，因为很可能会弄巧成拙，而且人家不一定想听，要点到即止。

谦虚：话不说满，彰显谦卑

拉布吕耶尔曾言："谦虚之于功德，犹如阴影之于绘画，前者让后者更加鲜明突出。"柏格森亦指出："真正的谦虚，是对虚荣心进行深思后的产物。"高尔基则打了个比喻："智慧如同宝石，以谦虚镶边，将更加璀璨夺目。"这些名言无不揭示出谦虚这一人类美德的重要性，它与成功并肩而行。然而，这并不意味着谦虚本身就能成就一切，而是那些成就大事者，往往都具备谦虚的品质，这标志着他们心智的成熟，以及勇于承认自身未知的谦逊态度。

"话不说满"，即是在表达时避免过于绝对，为可能出现的意外预留空间。春秋战国时期的名医扁鹊，便是一个深谙此道的典范。

当魏文王询问他兄弟三人中谁的医术最高时，扁鹊谦逊地回答："大哥医术最好，二哥次之，我则最末。"（金句点睛：谦虚为怀，话不说满。

彰显谦卑，赢得尊重。谦逊言辞，更显人格魅力与修养。）

他进一步解释，大哥能在病症未显时便治愈，二哥则在病症初现时便能根治，而他则需在病情严重时才出手，因此自己的名声最响。扁鹊的这番话，不仅彰显了他对兄长的尊敬，也体现了他自身的谦虚。若他妄自尊大，贬低兄长，即便医术再高，也会给人留下狂妄自大的印象。

老人常说："事情不能做绝，话也不能说满。"这是为了给自己留一条后路。在人际交往中，过于夸大其词或轻易承诺，往往会给人留下不靠谱的印象。一旦承诺无法兑现，不仅会损害个人信誉，还可能影响与他人的关系。因此，在回话时，尤其是面对他人的求助时，我们应量力而行，谨慎承诺。

在职场中，谦虚与谨慎更是至关重要。新入职的员工张三和李四，因年轻气盛，在会议上轻易承诺能够解决领导提出的问题，结果却因缺乏实际可行性而未能兑现承诺，最终承担了全部责任。这一教训告诉我们，说话容易，但兑现承诺却需付出实际行动。因此，在与人交往时，我们应更加审慎地回话，尤其是当涉及具体行动或承诺时。

谦虚与谨慎是人际交往中的宝贵品质。它们不仅能帮助我们建立良好的人际关系，还能在关键时刻保护我们免受不必要的麻烦。因此，在回话时，我们应稍加考虑，尤其是面对他人的求助时，更要量力而行，谨慎承诺。

【敲黑板，划重点】

行事需谨慎，宜三思而后行。

若应允他人之事难以兑现，应及早坦陈自己的错误，以防事态扩大，造成更严重的后果。

说话应避免夸大其词，保留三分余地，既不妄自尊大，也不轻言妄断。

完整：有头有尾，首尾一贯

当面对他人的提问时，若能给出条理清晰、首尾一致的回答，不仅能展现出个人的思维逻辑和表达能力，还能让对方感受到交流的轻松与顺畅，从而留下良好的印象。

工作中，领导问小李：“这次客户提案的准备情况怎么样了？”

小李回答：“这次提案我们分为三部分，首先介绍了公司的核心竞争力，其次详细阐述了项目方案的优势与实施步骤，最后附上了过往成功案例的对比分析。目前各部分资料都已准备齐全，下午将进行最后的整合与校对，确保后天能将提案全面、清晰地展示给客户。”（金句点睛：回答完整，有始有终。首尾一贯，逻辑清晰，彰显严谨与责任。）

这样的回答让领导对小李的工作能力留下了良好印象。

在大学时期，我曾亲身经历过这样一件事。院系为了丰富自习课的内容，通知各班级以特定内容为主题开展活动。辅导员将这一任务交给了各班的团支书。在次日的团支书例会上，辅导员询问了各班的活动进展情况。

一班的团支书显得有些茫然，回答得含糊不清，似乎对活动的具体情况并不了解。二班的团支书则因忙于其他事务，将任务转给了班长，同样对进度不了解。而三班的团支书则给出了详尽的回答，从活动策划、分工到执行过程，再到结果反馈，一一进行了说明。这样的回答不仅让辅导员对活动情况一目了然，更展现出了三班团支书清晰的思维逻辑和有条理的表达能力。

从辅导员的问话中，我们可以分析出三个要点：一是询问的内容和时间背景；二是想了解的活动完成进度；三是询问是否有需要反馈的问题。对比三位团支书的回答，一班团支书显然没有准备好，回答缺乏具体性和准确性；二班团支书虽然尝试回答，但因不了解情况而显得敷衍；而三班团支书则给出了全面、准确的回答，虽然稍显冗长，但信息完整、条理清晰。

大学时期虽然相对轻松，但却是步入社会前的重要锻炼阶段。在这个时期，个人的表现将直接影响到未来的职业发展。一个有条理、有计划的说话和做事的好习惯，不仅能让个人在学业和工作中更加高效，还能为未来的职业发展打下坚实的基础。

此外，一个良好的说话习惯也意味着在脑海中已经对事件进行了梳理和规划。这样的习惯有助于养成有条不紊的做事风格，提高工作效率，避免拖延和遗漏。相反，如果答话有头没尾或没头没尾，不仅会让对方感到困惑，还会影响个人的形象和信誉。

因此，我们应该努力养成一个良好的说话习惯，同时学会有计划地做事。两者相辅相成，共同推动个人的成长和发展。**在日常生活中，我们可以多练习有条理地表达自己的想法和观点，同时制订计划并严格执行，以逐步提升自己的思维逻辑和表达能力。**

【敲黑板，划重点】

在回话之前，应先打好腹稿，深思熟虑后再开口。确保你的回答既有开头也有结尾，首尾连贯，这样与你交流的人会感到轻松愉悦，不会觉得费力。

同时，要准确把握问话的重点，按照条理清晰的方式逐一回答，以确保信息的准确性和完整性。

严谨：有一有二，逻辑分明

在人际交往中，能够自如地应对对方的问题是一项重要的能力。面对不同的问题，我们需要严谨对待，给出恰当的回应，以避免产生不必要的误会和不愉快。严谨的话语能够给人以稳重感，增强说服力。

记得有一次高中同学聚会，我因堵车稍晚到场，到场后发现气氛有些微妙。好友把我拉到一旁，告诉了我事情的原委。原来，早到的同学们在闲聊时，张姓同学因生意场上被骗而心生不满，他在回应一位朋友的安慰时说道："我当然报警了，姓王的这么不是东西，我不但要报警，我还要咒他全家。"这番话无意间触怒了在场的王姓同学，他笑着回应："哎，你话可不能这么说，姓王的那么多，不是每个人都惹着你了吧？"本意是想让张姓同学注意言辞，不要一概而论。然而，张姓同学却更加恼怒，继续骂骂咧咧："怎么了？我又没说错！"（金句点睛：严谨表达，逻辑清晰。有一有二，条理分明。沟通时，要确保言之有据，避免模糊。）

随后，张姓同学又列举了一系列"逻辑"，试图证明自己的话没错。然而，他的那些"逻辑"显然是站不住脚的，不仅没能说服王姓同学，反而让在场的所有人都感到不满。王姓同学虽然当时被其他同学劝解没有发火，但此后与张姓同学的关系却大不如前。

事后，我们同学间聊起此事，总会拿张姓同学当时的那番话来调侃，称那是"神逻辑""伪逻辑"。一段看似有条理、有逻辑的言语，如果实则毫无逻辑，是无法服众的。表面的平息只是场合下的情面，内心里其实谁都不服。

面对他人的质疑，我们需要有逻辑地自证。如果发现自己的语言存在漏洞，勇于承认并纠正，反而能赢得他人的尊重。而硬扛、狡辩只会更加笃定别人对你的负面看法。

因此，在应对没有逻辑的对话时，最好的还击方式便是用最有逻辑的话回过去。比如可以这样说："第一，被骗的是你，但骗你的不是我；第二，我姓王，你说姓王的不是东西，这句话便不妥；第三，姓王的那么多，一个骗了你，不等于所有人都骗了你，你可以骂他，但不可以骂其他没有犯错的人；第四，监狱里各种姓氏的犯人多了去了，百家姓也许都无一幸免，你能说这天下所有人都犯罪了吗？"这样的回应既有力又有逻辑，能让对方哑口无言。

【敲黑板，划重点】

在日常生活和工作中，我们应时刻保持头脑清醒的状态去说话做事。遇到问题时，需要沉着冷静地应对，首先分析事情的重点所在，明确问题的核心要素。然后要理清事件的因果关系，确保自己的思考和行动都逻辑分明，条理清晰。

当面对伪逻辑或无理的言论时，我们不应被其表面的言辞所迷惑或激怒，而应保持冷静，用真正的逻辑去回击。通过有理有据的论证，揭示对方逻辑的漏洞和不合理之处，从而维护自己的立场和观点。这样的回应方式不仅更加有力，也更能够赢得他人的尊重和信任。

提升篇

——从实际出发，掌握回话的技巧

第六章　语言技巧——回话有技巧，沟通不尴尬

★回话的技术，就是语言的艺术。

对比回话，凸显你的优势

“你的优势是什么？”这是在面试中考官经常会问到的问题。如何回答，关乎着求职者能否得到这份工作。

有些人会说：“我的优势是学习能力强，吃苦耐劳。”

有些人会说：“我的优势是有相关工作经验。”

有些人会说：“我的优势是有工作热情，能够全身心地投入工作中去。”

这都属于直白地表述自己的优势。

还有一种，则比较讲究技巧，比如可以说：“我的优势就是我没有工作经验，就好像一张白纸，没有惯性思维，也没有陈旧的理念，要知道，一个坏习惯一旦养成了，要改变是很难的。而我可以从一张白纸开始，毫无保留地去学习，最大限度地吸收新的知识理论、新的技能技巧。这便是我作为应届毕业生的一个优势——零基础学习能力。”（金句点睛：对比回话，展现优势。精准定位，凸显亮点。沟通中，巧妙运用对比，能强化自身特色，赢得更多关注与认可。）

相比直白地表述自己的优势，这种表述方式效果会更好，通过对比的

方式，更能够突显出自己的优势。

求职者大概可以分为两类，一类是应届毕业生，另一类是有工作经验者。对于前者来说，刚刚走出校园，完全没有工作经验，这是最大的劣势；对于后者来说，已经在社会中摸爬滚打过一些年月，有一定甚至极为丰富的工作经验，这是他们最大的优势。

但通过对比的方式，只要表述得当，应届毕业生也可以将劣势转变为优势，将竞争对手的优势变为劣势。

再比如，某单位需要招聘财务人员，面对诸多求职者，也提出了同样的问题。

于是，有人回答："我的性格积极乐观，能够在枯燥的财务工作中找到乐趣。并且我足够认真，团结能力强，容易与人打成一片，搞好同事关系。"

如果另一个人回答："我性格比较内向，最大的缺点就是不善于与人打交道，喜欢独处，会有些轴，有些执拗。我在工作上也是如此，坚持原则，认真严谨，恪守本分，可能会有些死板，不懂得变通，不习惯通融。但我觉得这是一个财务人员应当具备的基本素质。希望贵公司需要的是我这样的人。"

相对于前者的"自夸"，后者在"自损"，前者在表述自己的优点，后者在表述自己的"缺点"，但正是这些缺点更能够显示出他的诚实、真诚与勇敢。所谓的死板，不懂变通，不通融，反而是他作为财务人员最宝贵的资本，对于用人单位来说，这是可贵的优点。

毕竟，岗位性质如此，财务人员本就不是搞社交的工作，它的工作性质就是原则性强，机械性强，太活跃、太感性的人，反而不适合做这份工作。

对比，就是把相关的东西放到一起比较，方显出优与劣。

拿别人的劣势与自己的优势比，自己的优势也会更加凸显，正是因为有了鲜明的对比。

拿别人的优势和自己的劣势比，掌握说话技巧的人，能扭转乾坤，把别人的优势变劣势，把自己的劣势变优势。

所以，说话技巧很重要。技巧性的回话左右着听者的感受，好话能变成坏话，坏话能变成好话，好话坏话都能变成对自己有利的话，就看你会不会说了。

【敲黑板，划重点】

相较于直白的表述方式，采用对比的表述手法更能凸显个人的优势所在。这种技巧性回话方式，不仅能够巧妙地突显自己的长处，还能在关键时刻转劣为优，为自己争取到更多的利益。

类比回话，增加话语说服力

我们上学时，语文课本中收录了一篇这样经典的文言文："邹忌修八尺有余，而形貌昳丽。朝服衣冠，窥镜，谓其妻曰：'我孰与城北徐公美？'其妻曰：'君美甚，徐公何能及君也？'城北徐公，齐国之美丽者也。忌不自信，而复问其妾曰……"

这个故事梗概如下：

邹忌，一位身高八尺有余、容貌俊美的男子。某日清晨，他穿戴整齐，对着镜子问妻子："我与城北的徐公相比，谁更美？"妻子回答："当然是你更美，徐公怎能比得上你呢？"徐公乃齐国闻名的美男子。尽管妻子如此说，邹忌仍不自信，于是又向小妾求证："我与徐公，谁更美？"小妾同样回答："徐公岂能与你相提并论？"次日，有客来访，邹忌在与客人闲聊时再次提出此问，客人亦言："徐公自然不如你美。"

又一日，徐公来访，邹忌仔细打量后，自觉并不如徐公；再照镜子，更觉自己与徐公相去甚远。夜晚，他躺在床上深思此事，悟出：“妻子说我美，是出于偏爱；小妾说我美，是出于畏惧；客人说我美，是有求于我。”

随后，邹忌上朝，齐威王询问群臣是否有事上奏。邹忌趁机进言：“我自知不如徐公美。然而，妻子偏爱我，小妾畏惧我，客人有求于我，因此，他们都说我比徐公美。如今齐国疆域辽阔，宫妃偏爱您，朝臣畏惧您，全国百姓有求于您。由此可见，大王您受蒙蔽很深啊。”

这便是著名的《邹忌讽齐王纳谏》。幸运的是，邹忌遇到了一位明智的君王，齐威王将邹忌的话铭记于心，随即下令：“群臣百姓能当面指出寡人之过者，受上赏；上书谏寡人者，受中赏；能谤讥于市朝，闻寡人之耳者，受下赏。”命令下达后，群臣纷纷进谏，宫门庭院内人潮如织；数月后，仍有零星进谏；一年后，再无人可谏。

试想，若邹忌不以自身为例，而在齐威王询问时直言：“大王，您受蒙蔽很深，无人对您说真话，都在捧您，您听不到真心话的。”齐威王会如何反应？群臣恐怕也会疑惑：“邹忌这是疯了吗？”齐威王也可能会想：“邹忌这是在讽刺我昏庸无能、消息闭塞吗？”

伴君如伴虎，君王再宠爱臣子，也不会容忍其践踏自己的尊严。若出言不逊、无凭无据，难免激怒君王，招致杀身之祸。在古代，君王一言九鼎，他的话便是判决。

邹忌进谏成功，关键在于两点：一是遇到明君，二是懂得说话之道。邹忌有才学、有见解，且策略得当、言辞巧妙。他欲劝齐威王广开言路，便以自身之事类比君王之事，有理有据、说服力强。

无论是古代还是现代，说话技巧都相通。在家庭、职场、学校等场合，想要提出建议或指出问题，不妨如邹忌般运用类比手法，使听者更直观地发现问题、产生共鸣。

在销售领域，类比回话能显著提升说服力。例如，当你推销一款新型吸尘器时，可以说：“这款吸尘器的吸力就像龙卷风一样强劲，能让您的家居环境焕然一新，就像刚经过专业清洁团队打理过一样。”（金句点睛：类比回话是一种高效且有说服力的表达方式。其优势在于能够将复杂的问题简化，使之直观易懂，激发听众共鸣，增强信息传递效果。）

这样的类比能让顾客更直观地理解产品的优势，从而增加购买意愿。

这样的说法是否更具说服力？因此，类比就是提供理性依据的方式，而理性依据能增强话语的说服力。

【敲黑板，划重点】

类比，实质上是一种提供理性依据与实例支撑的方法，这种理性依据的呈现能够显著提升话语的说服效能。

拥有想法固然重要，但如何将这些想法以策略性、技巧性的方式表达出来，则更为关键。

类比作为一种表达方式，其优势在于能够将复杂的问题简单化，使之变得直观明了，易于理解，并且更容易激发听众的共鸣，从而增强信息的传递效果。

比喻回话，让回话生动有趣

有一个典故，名为“邹忌说琴谏齐王”。故事大致如此：

某日，齐威王正沉浸在弹琴的雅兴之中，邹忌推门而入，随即拍手称赞：“大王，您的琴艺真是精妙绝伦！”齐威王听后不悦，手离琴弦，手握宝剑，质问道：“你方才进门，仅见吾形，未及细观，何以断言我弹得好？”邹忌从容回答：“大弦之音缓慢而温和，恰似国君之风范；小弦之音高亢明快而清亮，犹如宰相之气质；手指勾弦用力，放开则舒缓，恰如政令之执行；琴声和谐，大小弦音配合美妙，曲折不正之音互不干扰，正如四时之更迭。由此，我便知大王琴艺非凡。”齐威王听后龙颜大悦，赞道：“你果然精通音律。”邹忌却话锋一转：“岂止音律，治国安民之道亦蕴含其中。”齐威王闻言又怒：“论五音调理，或许无人能及你，但治国安民岂能在琴弦之中？”邹忌再次以琴为喻：“大弦之音缓慢温和，象征国君；小弦之音高亢明快，象征宰相……琴声和谐则天下太平。治国安民，其道理与五音无异。”齐威王听后对邹忌大加赞赏，连声说好。

邹忌能遇到明君自是幸运，但他自身的真才实学和语言艺术同样不容忽视。他将“治理国家”比作“弹琴”，通过琴乐之理来阐述治国之道，这种间接而委婉的方式远比直接谈论国事更易为齐威王所接受。

臣子在君王面前大谈治国安民，难免有僭越之嫌。但邹忌却巧妙地借助自己擅长的鼓琴和乐理来谈论此事，既像是在谈琴乐，又像是在谈国事。这种比喻和影射的方式，既生动有趣，又让齐威王乐于接受。

我想，齐威王自然明了邹忌的用意。对于君王而言，一个聪明智慧的臣子想尽办法、利用各种方式与自己谈论国事，一方面说明臣子心系国家、为民为国；另一方面也体现了臣子对君王权威的敬畏和君臣有别的礼数。

这便是邹忌高超的语言艺术，他能在卑微与高傲之间拿捏得恰到好处。这也是齐威王能够听从邹忌劝谏的原因。

在日常生活中，比喻式的语言同样能使谈话变得生动有趣。**比如女人们之间的闲聊，常常有这样的比喻：“我以前的皮肤纹路很深，像老树皮一样，可最近换了护肤品，皮肤变得水嫩水嫩的，就像剥了皮的鸡蛋。”还有关于工作的抱怨：“我每天都像陀螺一样转个不停，身体和脑子都停不下来！”**（金句点睛：比喻回话，如同为语言添翼，让平凡话语变得生动有趣。）这些形象的比喻让话语变得生动有趣，交谈也因此变得别有一番风味。

艺术家把作品比作自己的孩子，汽车发烧友把车比作自己的老婆，烹饪爱好者把自己做的菜比作艺术品……这些比喻不仅丰富了语言的表现力，也让人与人之间的交谈变得更加生动有趣。

【敲黑板，划重点】

比喻是一种修辞手法，它借助一个事物来阐释另一个事物，从而使得描述更加形象鲜明，生动有趣，且充满韵味。

比喻的妙用在于，它能够将深奥复杂的道理转化为浅显易懂的形式，让人轻松领悟其精髓。

对于那些原本刻板单调的事物，通过比喻的巧妙运用，可以使之焕发出生机与活力，变得更加生动饱满，充满情感色彩，从而更容易触动人心，引发共鸣。

用数字回话，更具说服力

某家婆媳因家庭财务问题发生争执，婆婆对儿媳说道："你总是抱怨生活压力大，说两个人的工资不够花，我才不信呢。你们俩一个月赚一万多块，我们也没吃什么山珍海味，怎么可能不够花？我儿子把钱都交给你管，够不够花，还不是全凭你一张嘴。反正钱都在你那儿，你是不是给人了，或者偷偷补贴娘家了，我们也不知道……"

婆婆的话里话外，无非怀疑儿媳藏私房钱或是补贴娘家。儿媳听后并未继续争吵，而是等到丈夫下班回家，当着全家的面，用计算器详细列出了每月的开销。

儿媳说："既然大家都在，那我就把我们每个月的开销算一算。我们俩的工资加起来每个月有12000多元。房贷每月4500元；孩子上幼儿园每月2800元；物业费每年1600元，平均每月约133元；网费每年1100元，平均每月约91元；停车费每月300元；妈（婆婆）每月吃药的费用是330元；小宁（丈夫）每月应酬、烟酒的费用是400元；还有水费、电费……”

儿媳一项一项地加起来，当算到11000多元时，婆婆插话了：“那每个月不是还剩下五六百块钱吗？这些钱都去哪了？一个月五六百，一年就是五六千呢。”

儿媳回应道：“我们每个月的吃喝用度、生活用品需要多少钱？换季买衣服需要多少钱？一家三四部手机每个月的话费需要多少钱？还有朋友结婚宴请的礼金；偶尔家里有人生病，去医院就得花好几百；最近刚给孩子报的兴趣班，一个月又得多少？我们的钱不但没有结余，反而还负债。有几次手头紧张，还是我找娘家借的钱才解了燃眉之急。”

婆婆听后顿时哑口无言。

我们常常说，账是“不算不知道，一算吓一跳”。生活中零零碎碎的支出，看似每一笔都不多，但累积起来却是一个惊人的数字。

用数据说话，是面对质疑时最好的回应方式。当他人对你的观点提出质疑时，你也可以用数据来征服他们。毕竟，数字具有权威性和严谨性，无法被随意篡改。

早些年，我遇到一位健身房的业务推销员。他向我推销健身卡时，我有些犹豫，觉得价格有些贵。他见状便给我算了一笔账：“您办这个年卡是4999块，平均算下来每个月只需要花费400多块，每天只需要13块多。13块钱也就是一包烟、一碗面的钱，您就可以享受我们健身俱乐部的所有高端器材和专业教练辅导。这年头，投资什么都不如投资自己的身体。毕竟，健康比什么都重要。每天13块多，这个投资额度也不算高了。”（金句点睛：数字回话，精准有力。具体数据，胜过千言，让沟通更具实效。）

经过他这么一算，我的注意力立刻被“每天 13 块多”这个数字所吸引，瞬间觉得这个价格十分合理。这其实是一种“价格拆分法”的销售技巧。当顾客对价格提出异议时，以价格拆分法这样的数字游戏作为回应，确实非常有效。

用数据说话，通常能给人专业、精细、严谨、敬业的感觉。上学时，我们班里的同学都十分敬佩一位专业课老师。他似乎已经将那本教材背得滚瓜烂熟了，每次上课从不翻看书本，直接讲授内容。比如他说：“第 98 页的第二段，这个需要重点讲一下……”我们一看，他所讲的内容与该页码的内容完全相符。针对重点内容，他还会辅助性地讲解许多贴近生活的事例，既幽默又风趣。即便是课下，同学们突然问他某个问题时，他也会说：“关于这一点，需要结合后面第八章的第三节进行重点讲解。在这一章里它不是重点。如果你想了解，可以看一下课本第 136 页，还有练习册第 99 页的习题案例……”

当时，数字还给了我们另一种感觉——魅力。

【敲黑板，划重点】

运用数字来回应他人的质疑，能够大大增强说服力。

数字游戏不仅能增添生活趣味，还能在工作场合中发挥重要作用，展现出业务精通、专业严谨的形象。

当以一连串精确的数字来回答别人的问题时，不仅能彰显出个人的专业素养，还会让人感受到一种独特的魅力。

巧用排比句，回出气势

在聆听领导讲话时，我们常会发现他们善用排比句，如："我们的目标是，纪律要严明，工作要出色，业务要拓展，业绩要卓越，排名要领先……"又如："我们要有信心，有决心，有恒心；要敢闯，敢干，敢拼。"这些句子虽然内容各异，但结构统一，以"……要……"的形式排列，不仅清晰地传达了领导的要求与目标层次，更彰显了说话者的气势与决心。

排比句的应用，往往能让语言更具诗意与韵味。例如，当询问何为爱情时，不同的人会有不同的回答。

甲说："爱情如同春天的细雨般珍贵，夏日的微风般清凉，秋日的硕果般充实，冬日的暖阳般温暖。"

乙则道："爱情就像树上的落叶，承载着被遗弃的无奈；如同被掰开的莲藕，丝丝相连，痛彻心扉；宛若凋零的花朵，不知来年是否重开。"

丙则更为客观地描述："爱情，时而美好，时而糟糕；时而甜蜜，时而酸楚；时而苦涩，时而辛辣……"（金句点睛：排比回话，气势如虹。它以独特的魅力，将日常言语编织成诗意盎然的篇章，令人耳目一新，倍增感染力。）

这些不同的排比与比喻，映射出回答者不同的心境与经历。甲的回答洋溢着幸福与甜蜜，或许正沉浸于爱情的甜蜜之中；乙的回答则透露出悲观与无奈，或许正经历着情感的波折；而丙的回答则更为全面，涵盖了爱情的多种滋味。

有些人虽生活在诗意之中，却难以将其化为诗篇；而有些人，即便生活在平凡之中，也能将生活描绘得如诗如画。这便是语言的独特魅力。

当面对“你是个失败者”的质疑时，我们该如何回应？是引用“失败是成功之母”的哲理，还是解释“一次失败不代表永远失败，未来仍充满希望”？或许，更具说服力的回答是：“爱迪生、牛顿、爱因斯坦，他们是否曾失败过？然而，这些失败并未阻挡他们走向成功，赢得荣耀，获得世界的认可与敬仰。”以世界知名人物的成就作为排比，再用反问的形式让答案不言而喻。这些人物的事迹已如常识般深入人心，他们的失败经历与辉煌成就形成鲜明对比，有力地反驳了质疑者。

因此，若想成为诗人，排比句无疑是你的得力助手；若想展现领导风范，排比句同样不可或缺；若想表明自己的立场，排比句更是巧妙之选。

当然，排比句的应用并不仅限于这些场合。在日常生活中，它同样能发挥巨大作用。例如，夫妻间的争吵中，妻子以排比的形式表达了自己的孤独与不满：“我生病时，你在工作；我不开心时，你在出差；我伤心时，你在加班；我生孩子时，你在应酬……你与工作在一起更幸福，还是与我在一起更幸福？”这样的排比，不仅强化了她的心情与观点，更让丈夫深刻感受到她内心的真实感受。

无论你是想成为诗人、展现领导风范，还是想在日常生活中表达自己的真实感受，排比句都是一个值得你深入学习与运用的修辞手法。

【敲黑板，划重点】

排比句的表述方式独具魅力，它能够将平凡的生活化语句点化成充满诗情画意的篇章。

同时，排比还具备强大的强调功能，它能让所提出的问题或阐述的观点得到更多的重视与关注。

用专业术语，提升信服感

有一次，我去选购汽车时，一位年轻的销售顾问接待了我。我好奇地问道：“这款车与那款车相比，价格高出数万，它们的差异究竟在哪里呢？”

他回应道：“虽然两款车的外观设计感相似，但在材质选用上却有所不同，这辆高价位的车型在材质上更为优越。此外，它的内部空间更为宽敞，座套、方向盘、地板等材质的档次也更高，后视镜和出风口的设计也更为精致细腻……”

然而，他的回答并未让我完全信服，反而让我觉得他可能是个新手，业务不够熟练，专业能力有所欠缺。因此，对于他给出的购车建议，我持保留态度，毕竟购车并非小事，不能仅凭他三言两语就草率决定。

于是，我决定再到其他店铺了解一番。**在另一家店，另一位销售顾问面对同样的问题，他的回答虽然有些内容我未能完全理解，但他的专业能力却让我深感敬佩。他提到的 ABS、SRS、涡轮增压、扭矩等专业术语，我略知一二，但诸如 ECU、MPI、OBD 以及各类悬架系统等，我则较为陌生。然而，正是这些我未曾涉猎的专业知识，让他在我心目中的专业形象更加鲜明。**（金句点睛：运用专业术语，彰显专业素养，精准提升说服力。但要点到即止，适度为宜，避免堆砌，确保沟通顺畅无阻。）

人们往往对于自己感兴趣却又不懂的事物充满好奇，当看到别人对其了如指掌，讲得头头是道时，内心便会不由自主地升起一股崇拜之情。但需要注意的是，专业术语的运用需要适度，过多的专业术语可能会让人心生反感，觉得对方在卖弄知识。

我曾有位朋友也分享过他的购车经历，他提到一位销售顾问过度依赖专业术语，让他感到困惑不已。他说：“那个销售顾问满口都是ABS、SRS、OBD之类的英文缩写，我一个也没听懂。最后，我直接找他们经理要求换个销售顾问。经理问我为什么，我说，我的要求很简单，找个能让我听懂话的就行。”

虽然朋友在讲述时带着笑意，但我想，在那一刻，他的内心可能并不轻松。

而我之前遇到的第二位销售顾问则做得很好，他在使用专业术语时，都会给出相应的解释。例如，在谈到ABS时，他会说：“这辆车的ABS系统，即制动防抱死系统，它的作用是……”在后续的讲解中，他尽量避免使用已经解释过的英文缩写，而是用中文释义进行说明。

因此，即便我对汽车的了解并不深入，但在对他专业性的认可中，我也感受到了他的真诚与细心。我并不期望因为一次购车就让自己变成汽车专家，但只要能与销售顾问建立起信任关系，我只需对汽车有个大致的了解就足够了。

所以，专业术语的运用需要恰到好处。如果只顾自说自话，说了一大堆专业术语，虽然树立了专业形象，但听的人却没听懂，那么这场沟通就是无效的。

对于销售行业来说，专业形象和沟通的有效性都至关重要。客户会因为销售人员的专业性而产生信任，但绝不会在完全听不懂的情况下做出购买决定。毕竟，涉及利益时，每个人都会变得十分谨慎。在选购产品时，除了考虑销售人员的专业性外，产品的性能、质量及性价比等方面也是客户需要衡量的重要因素。

【敲黑板，划重点】

在与他人对话时，如果你听明白了对方的话语，那么你的回应也应确保对方能够清晰地接收到你的心中的想法。

在交流中，使用专业术语应当适度，点到即止，不宜过多堆砌，以免让对方感到困惑。

沟通的首要任务是确保信息的有效传递，在此基础上，再逐步树立自己的专业形象。

专业形象固然重要，但沟通的有效性同样不可忽视，两者相辅相成，共同构成了高效沟通的基础。

旁敲侧击，以迂为直

旁敲侧击是一种颇为含蓄的表达方式，它采用间接的手段与对方进行沟通交流，虽不直接将问题摊开，却能以另一种形式让对方领悟。这与之前提及的“话中话”“弦外之音”有异曲同工之妙，前者强调倾听的能力，后者则注重表达的艺术；一个是接收的技巧，一个是表达的智慧。

在生活中，含蓄的表达方式有时是一种选择，有时则是一种修养。当我们需要指出他人的错误时，过于直白的言辞可能会伤害对方的自尊，引发不必要的冲突。而委婉的表达方式则能维护双方的和谐，通过侧面的点拨，让对方自我反省，认识到问题所在，既保全了对方的颜面，又达到了提醒的目的，实现了双赢。

小明想要借用朋友的相机，但不想直接开口，于是有了这样一段对话。

小明：“嘿，你最近有没有出去玩啊？拍的照片怎么样？”

朋友：“还好啦，就是用相机拍了几张。”

小明：“哦，那你那相机真不错，我一直都想试试这个型号的。最近正好有个机会，想拍点特别的照片，你觉得怎么样？”（金句点睛：旁敲侧击，以迂为直，不直接点破，却引人深思。这种含蓄的表达，更显智慧。）

通过这样的对话，小明虽然没有直接提出借相机的请求，但已经委婉地表达了自己的意图，朋友很可能能够领会并作出回应。

在职场上，旁敲侧击同样能发挥重要作用。例如，当员工希望涨工资时，可能不好意思直接提出，而是选择在工作讨论中巧妙融入个人生活的感受，如物价上涨、生活成本增加等，以此暗示领导关注员工的薪酬水平。这种“先言他物以引起所咏之辞”的战术，既体现了员工的智慧，也考验了领导的洞察力。

然而，旁敲侧击的效果往往取决于对方的领悟能力。对于心思细腻、敏感的人来说，这种迂回的方式可能更容易被察觉和理解；而对于大大咧咧、反应迟钝的人来说，说话绕来绕去可能会让他们迷失方向，无法准确捕捉你的真正意图。

因此，在使用旁敲侧击这种沟通技巧时，我们需要根据对方的性格和反应能力来灵活调整策略，既要确保信息能够传达出去，又要避免造成误解或混淆。只有这样，我们才能在维护和谐氛围的同时，有效地实现沟通目标。

【敲黑板，划重点】

旁敲侧击，乃是一种微妙而深远的沟通艺术，其境界“只可意会，不可言传”，真正领悟之人自能心领神会。

它是一种委婉而含蓄的表达手法，尤其适用于那些“难以直言”或“不便明说”的敏感话题，既能传递信息，又能避免直接冲突。

旁敲侧击亦是一种巧妙的迂回战术，尤其对于那些心思细腻、情感敏感的人来说，往往能够产生更为深刻而有效的沟通效果。

在言语交流中，是否选择含蓄委婉，有时取决于个人的偏好与情境的需要，但更多时候，它体现了一种修养与智慧，是我们在复杂人际关系中保持和谐与尊重的重要能力。

尴尬问题，巧妙转移

生活中，难免会遇到一些不识趣的人，他们总爱触及那些令人尴尬的话题或提出令人难堪的问题。面对这样的情境，我们应当如何机智回应，巧妙化解即将凝固的尴尬氛围呢？

譬如，一对夫妇虽结婚多年，却因种种原因未能如愿拥有孩子。他们正计划着再尝试半年，若仍无果，便考虑人工受孕。然而，在一次聚会上，一位不知趣的朋友却拿此事开玩笑，问道："何时能让我们喝上你们的满月酒啊？"妻子心中一紧，一时语塞。这时，丈夫机智地接过话茬，笑道："今天这顿，便是我们的'满月酒'！刚好我到新公司上班满月，一切顺利，前景光明，大家务必尽兴，不醉不归！"他巧妙地将"孩子满月"的概念偷换成了"工作满月"，从而化解了这场尴尬。在场的人大多能领会到他的用意，通常也不会再纠缠于这个话题。

又如，在聚会上，有人突然问小丽："小丽，听说你最近和男朋友分手了？是真的吗？"

小丽觉得这个问题属于个人隐私，不想直接回答，于是她微笑着回应道："哎呀，感情的事情总是那么复杂，难以一言以蔽之。我们还是聊聊最近上映的那部电影吧，你们去看了吗？"（金句点睛：面对尴尬的问题，可以运用移花接木、偷换概念的手法巧妙地转移话题，这样会犹如微风拂面般化解僵局。）

就这样，小丽巧妙地转移了话题，避免了尴尬的直接回答，同时也保持了聚会的愉快氛围。

另外，被问及工资收入也是极易引发尴尬的问题之一。尽管现代社会普遍认为询问他人经济收入是不礼貌的行为，但这一观念并未深入人心。我就曾多次遭遇这样的尴尬场面。对于很多人来说，被询问收入都是忌讳的话题，因为这涉及个人隐私。工资之所以不愿意被公开，一是因为低了怕丢面子，高了怕遭人嫉妒；二是不愿被人议论；三是不想在他人面前过于透明，想保留一点神秘感和私人空间。因此，最好的策略便是避而不谈。

然而，有时我们难免会遇到这样的问题，如家人亲戚、老同学、同事或相亲对象等可能会直接或间接地询问你的收入。对于这些问题，最好的回答便是含糊其辞、模棱两可。例如，可以说："没多少，刚好够用。"或者说："勉强糊口，豪车豪宅与我无缘。"也可以幽默地将话题转移出去，比如转移到别人身上："我一个打工的，哪比得上在座的老板们。"或者转移到别的事物上："别提这伤心事了，换个开心的话题吧。"当然，也可以故作神秘地一笑置之："我不告诉你！"

化解尴尬的诀窍在于：轻松的话题更能缓解尴尬。严肃、刻板的话题只会让尴尬升级。因此，幽默风趣的语言、一个笑话或一句自黑都能在尴尬局面中发挥大作用。

【敲黑板，划重点】

运用移花接木、偷换概念的手法，能够巧妙地化解尴尬局面。

当遇到如询问工资这样的尴尬话题时，最佳的应对策略是采用模棱两可的回答，含糊其辞地带过，或者机智地将话题巧妙地转移到其他的人或事物上，从而避免直接回应。

同时，也要明白，有些所谓的尴尬可能只是你个人的感受，对于这种情况，不妨一笑置之，选择性地忽视，这样既能保持自己的风度，也能避免出现不必要的纷争。

第七章　反客为主——让提问者自问自答

★反问句是一种高明的回话技巧，可攻可守。

反问，让回话“反守为攻”

富兰克林曾说：“你热爱生命吗？那么别浪费时间，因为时间是构成生命的材料。”我想说：“你懂得反问吗？不要那么被动，因为反问有时是为了更好的回答。”

某旅游公司被客户投诉，说其欺诈，并找到媒体前来公司讨说法。面对记者的采访，服务部的张经理是这样与记者交流的。

记者：“有客户投诉贵公司有欺诈行为，能问您一些问题吗？”

张经理：“当然可以。”

记者：“请问 ××× 是您公司的客户吧？”

张经理：“经我们查阅，的确是。”

记者：“客户说你们在行程中安排饭菜的标准与你们的承诺不符，请问这属实吗？”

张经理：“当然不属实。”

记者：“客户说你们饭菜的标准很低，而且很难吃。”

张经理：“我觉得不是这样……”

……

分析以上对话，张经理一直在被记者追着“跑”，显得很被动，在沟通中明显处于劣势，但如果张经理能够在回答记者问题时，换一种方式，效果一定会不同，且会提升张经理的沟通优势。

比如，**记者问：“客户说你们在行程中安排饭菜的标准与你们的承诺不符，请问属实吗？”**

张经理可以拿出相关合约说：“这是我们签订的合同，早饭、午饭的详细标准都写得很清楚，而且我们还有照片证明，您说属实吗？”（金句点睛：反问，是一种智慧的回话方式，它能让你在对话中迅速“反守为攻”，通过提出疑问，引导对方思考，从而掌握对话的主动权。）

这样的反问，一方面翔实地回答了对方问题，另一方面扭转了自己在被问话中的被动局面，提升了自己与对方沟通的平等性。这便是回话中“反守为攻”的意义。

网上曾流传着这样一个关于篮球巨星科比的故事。有一次记者问科比：“科比，你为什么会如此成功呢？”

科比想了想说：“你知道洛杉矶凌晨 4 点的样子吗？”

记者摇了摇头说：“不知道。”

科比说：“我知道每一天洛杉矶凌晨 4 点的样子。”

对话虽短，但关于回话的道理却很深奥。对于这个问题，站在被问者科比的角度分析，其实很难回答。表面上看，对于这个问题科比只需告诉对方我如何努力，如何刻苦训练就行，但如果这样回答，势必会有一种自吹自捧、自我贴金的感觉。此外，也容易被追问，比如记者可能会继续询问：“你每天几点开始训练？”“能说一下你平时努力训练的情况吗？”反而会带来不必要的烦恼。

“你知道洛杉矶凌晨 4 点的样子吗？”一句简单的反问，将问题抛给对方，马上变被动为主动，占据了沟通优势。

有一个关于心理学的词汇，叫“气场”，气场强大的人，往往占据着交流的上风，让人仰慕，甚至让人惧怕。相反，气场弱小的人，往往会显得很被动。当一个人被追问的时候，问的时间越久，这个人的气场就会越低，交流会更加被动。比如两个人因为开车快发生了交通事故吵架，司机甲下车就气势汹汹地说：“你开这么快干什么？”

另一辆车的司机乙说：“我开得不快呀！”

甲说：“还不快，再快一点就能起飞了！”

如此一番对话过后，在双方协商处理事故时，乙方一定是处于劣势的。

我们很多人都明白这个道理，所以在发生类似的事情时，面对甲的责问，通常乙会反问：“你开这么快干什么？”

此时，乙和甲的沟通氛围马上就会变得平等。甲的责怪一定不会像下车后的那句话那样猛烈，因为通过乙方的反问，他知道自己也是有错的。

我们经常说做人要积极主动，一个优秀能干的人一定是积极主动的，他的气场一定是充足的，不管在生活还是工作中都占据着主动地位。

将有些问题抛给提问者，反守为攻，用反问的方式将答案告知提问者，一方面表明了自己的态度，另一方面在沟通中占据了主导地位。

【敲黑板，划重点】

面对问话，要适时地敢于反问。

反问，不是为了责备对方，更不是为了让对方为难，而是为了变被动为主动，传递一种意思，提升自己与对方沟通的平等度。只有积极主动、平等的回话，才不会让自己陷入为难之中，才会有理有据地摆出事实、讲出道理。

看清问题，问得恰当

了解反问的作用后，我们是否应该对所有问题都采取反问的方式，以实现反守为攻呢？

答案显然是否定的。反问确实能助我们占据对话的主动权，但并非所有情境都适用。不当的反问，不仅无法实现沟通目的，还可能引起对方的反感。

小明和小刚是同事，小明正在为即将到来的项目截止日期感到焦虑。

小刚："小明，看你最近好像很忙啊，项目进展得怎么样了？"

小明（有些烦躁）："你说呢？你觉得我能完成吗？"

小刚（感到被反问得有些尴尬）："我只是关心一下，没别的意思。"（金句点睛：不恰当的反问易惹人反感，沟通时应视情境而定，灵活运用不同回应方式，以确保对话顺畅和关系和谐。）

在这个例子中，小明的反问不仅没有有效地传达项目的进展情况，反而让小刚感到被攻击和不被尊重，从而可能让双方关系变得紧张。这说明了在不适当的情境下使用反问，可能会适得其反。

首先，我们要明确反问的目的。反问主要服务于以下几种情境：

一是提醒。例如，在结婚纪念日，妻子准备了丰盛的晚餐，丈夫问起原因，妻子反问："你难道忘了今天是什么日子？"或者下属被上司叫到办公室，上司反问："难道你忘了昨天我跟你说的事了吗？"这种反问多用于亲密关系或上下级关系中，有一定的局限性。

二是表达意外。如同事告诉你："老张，你知道小张中了 500 万大奖吗？"你反问："真的吗？"或者向上司汇报工作时，上司反问："真的吗？"这种反问的适用范围更广，适用于朋友、上下级等多种关系。

三是表达反对。当面对挑衅或需要强烈表达不满时，反问尤为有效。如国外某记者就敏感问题向我国外交官发难，我国外交官连续六个反问，有力回击了对方的挑衅。但需注意，这种反问方式往往带有批判性，下级对上级、年轻对年长沟通时，需谨慎使用。

四是表达斥责。当对方的行为引起我们的不满时，反问也是一种有效的表达方式。如同事弄坏了你的东西，还抱怨质量差，你反问："你会用吗？"这种反问的适用范围与表达反对相同。

其次，要明确反问的对象。根据对方的身份，如上司、朋友、下属、客户等，选择适当的反问方式和态度。例如，上司询问工作进度时，反问"你觉得我能做到什么样了"显然是不恰当的。

最后，要看清问题的性质。并非所有问题都适合反问。如对方只是礼貌地问："你吃了吗？"而你反问："你说我吃了吗？"这不仅无法体现礼貌，还可能被视为挑衅。因此，在反问前，要仔细判断对方问题的目的和性质，确保反问得当。

【敲黑板，划重点】

并非所有问题都适宜采用反问的形式，不恰当的反问可能会产生相反的效果。

要有效运用反问，首先需要深入理解反问的作用，只有明确其作用，才能预期其效果。

此外，了解问话者的身份与关系也至关重要。一个人与父母交谈时，相对于和好友交流时，所采用的方式必然不同。因此，了解对方是谁，才能选择恰当的对话方式。

同时，要仔细审视问题的本质。有的问题可能带有挑衅、试探或刁难等不同意图，每个问题背后往往隐藏着特定的含义。因此，只有准确理解问题的性质，才能以正确的态度运用反问。

封闭式反问，循序渐进引导

所谓封闭式反问，是指问题范围小，具有一定的指向性及限制性。在提问的过程中，提问者会给出一个框架，让回答者在这个框架之内选择，通常为二选一。这种提问方式能够按照提问者的思路进行对话，具有引导作用。

聊天中，朋友讲了他遇到的一个有趣的事情。他和朋友去一家地锅鸡饭店吃饭，与服务员之间进行了这样一段对话。

服务员："欢迎光临，请问您几位？吃点什么？"

朋友："三位，一个地锅鸡。"

服务员："地锅鸡要微辣、中辣，还是麻辣？"

朋友："中辣吧。"

服务员："您再加 10 块钱可以赠送给您一份价值 20 元的锅贴，可以吗？"

朋友："可以。"

服务员："我们饭店最近推出新品碳锅鱼，您要不要来一份呢？"

朋友："不需要。"

服务员："我们今天有特价菜醋熘白菜，要不来一份？"

朋友："您看我今天把饭店包下来可以吗？"

服务员："不好意思先生，今天不行，您看明天或者后天可以吗？"

朋友："今天不行，那你跟我废什么话。"

服务员："不好意思，您还需要点别的吗？"

朋友："来一壶茶。"

服务员："您是要毛尖还是普洱呢？"

朋友："随便，就这样，赶紧上吧。"

……

这是一种典型的封闭式反问的对话。也许在生活中，不会有这样的服务员和食客，但简单的问话与回话中却蕴含着深刻的道理。服务员的每一次提问都具有明确的指向性和选择性，整个过程都是提问者引导着回答者。当然，在回话中，也可以运用这种方式进行反问。

我们再举一个例子。

你们班长组织了一个同学聚会，并通过微信群发了通知。这个聚会你想去又不想去。想去是因为有些同学多年不见，非常想和他们叙叙旧。不想去是因为有些同学的人品让你心寒，还有些同学和你有过结，当然是你不想解开的那种，最终，你决定不参加。

但班长给你打电话说："X 日 X 地的聚会，你一定会来吧？"

这时的你，一定很难回答。说去，有点违心；说不去，班长花很多精力去组织，会驳了班长的面子。该怎么说呢？

最好的方式就是进行封闭式反问："你看我是去好，还是不去好呢？"（金句点睛：封闭式反问，如精心设计的引导语，通过一系列递进的问题，逐步深入，带领对方思考，最终引导至你想要探讨的核心议题。）

这样的回答，既表达了你不想去的欲望，不至于让班长难堪，又表达了你的难处。随后，班长一定会问你原因。这时，你便可以说出心中的难处，对方一定会表示理解，困扰你的问题就会得到很好解决。

所以说，在回话中，封闭式反问有时候是一种解决为难问题的方式。当对方的问题让你难以回答时，便可以采用这种反问的方式进行应对，一方面，可以将难题抛给了对方；另一方面，借助于对方的理解或评价，有助于我们更好地做出回答。

在职场中，这种反问方式运用频率也较高，比如下属工作中遇到了问题，问上司："这件事情您看怎么处理比较好呢？是用 A 方式呢还是用 B 方式呢？"

上司可能会问："你觉得是用 A 方式好，还是用 B 方式好呢？"

上司的意思很明白，是想听听下属的意见，更可能是对下属的一种考察或引导。比如当下属回答 A 时，上司会继续追问，在合适的时候说出自己的意见，从而达到对下属循序渐进的引导作用，促进下属的成长。

但是，下属一定要明白，切不可用这种方式对上司进行反问，上司问你是用 A 还是 B，你反问上司"您觉得是用 A 还是 B"，想想会发生什么情况？上司会大发雷霆，愤怒地说："我是在问你，怎么成了你考问我？"所以，在职场中，下属不可对上司进行封闭式反问。

面对对方的提问，有些提问易于回答，有些问题不好回答，甚至偏离了我们想回答的方向，封闭式反问的目的就是引领对方提问的方向，让对方的提问朝着自己愿意回答、易于回答的方向行进。当然，要达到这种目的绝非易事，毕竟对方是提问者，但只要把握技巧，就能够让自己在回答中占据主导地位。

【敲黑板，划重点】

封闭式反问常用句式有：

"您觉得是用方法 A 还是 B 呢？"

"您这个问题问得很好，我想听一下您的意见，可以吗？"

"您是怎么想的呢？觉得是 A 还是 B 呢？"

……

封闭式反问是给对方选项，让对方来选择，旨在缩小探讨范围，引导对方回答的方向，从而节省时间。问题的特性要易于回答，有一定的暗示性及引导性。

开放式反问，逼迫对方寻找

开放式反问与封闭式反问正好相反，封闭式反问具有封闭性、指向性及局限性，而开放式反问旨在让对方打开思维，自己去寻找答案。

比如某企业在招代理商的过程中，招商部王经理与客户有这样一段对话。

王经理："我们这个产品，具有广阔的市场前景，尤其在海外销量非常好，如果能够开拓外贸业务，一定能够做大做强。"

代理商："外贸？你们的产品适合做外贸吗？"

王经理："我们 80% 的产品在海外销量都非常好。"

代理商："外贸有那么好做吗？"

王经理看到对方疑虑的表情，好像在说："做外贸很难的，你以为有那么好做啊！"

王经理反问道："你觉得外贸为什么不好做呢？"

代理商说："我认为，做外贸首先你要……"

代理商说出了自己的疑虑及担心，随后王经理有针对性地进行了解答。

在这个案例中，面对代理商的问话，如果王经理没有进行反问，按照自己的思路回答说："好做，真的非常好做，你只要……"按照这个逻辑去解答代理商的问题，未必就是代理商想要的答案。也许代理商担心的是资金问题，你告诉他的却是渠道问题；也许代理商担心的是业务问题，而你告诉他的却是人脉问题。这样势必会拉长对话的时间，降低沟通的效率，进而影响招商效果。所以，对于一些对方知道或通过分析就能得知的问题，我们可以采取开放式反问的方式将问题抛给对方，让对方自己说出问题的答案。

此外，开放式反问还具有引导对方思考问题并回答的作用，比如在日常生活中，甲和乙去买衣服，甲觉得很适合乙，甲说：“这件衣服很适合你啊！”

乙问：“哪里适合了？”

甲反问道：“你觉得哪里不适合了？”（金句点睛：开放式反问，是一种强有力的沟通策略，通过提出宽泛而深刻的问题，迫使对方主动探索、深入思考，从而挖掘出更多信息。）

由于是反问，通常乙会说出自己的想法，这样，甲和乙就能开始针对性探讨。也许有人会说，如果这时乙继续反问“你觉得哪里合适了”该怎么办？显然，这样的问话是不容易发生的，因为在反问的基础上再反问是一种不礼貌的行为，通常不会有人这么做。

有时候进行反问，是一种投对方所好，表示友好的方式。我有一位朋友要买一台车，车型已经确定，前期也做了很多功课。这天，他来到4S店准备进一步了解车辆信息之后就缴纳定金。接待他的是一位具有丰富销售经验的女销售员。

朋友：“这台车有多长？”

销售顾问：“5.12米。”

朋友：“发动机动力怎么样？”

销售顾问：“最大功率是312马力。”

……

其实，朋友问的几个问题他事先都了解过，之所以还要问销售员，一是找话说，二是确认一下心中的答案。此外，他更是一位爱显摆的人。

在与销售员进行了几个问题的沟通后，销售员似乎看出了朋友的心态。为此，在朋友问到“这台车零百加速时间是多少”时，销售顾问话锋一转，微笑着反问道："看来您也是行家，您觉得按照这样的参数，它零百加速能达到多少呢？"

朋友顿时来了表现自己的欲望，微微思考了一下说："怎么也得 8 秒以下吧，再低就对不起这样的发动机了。"

销售员："您说得很对，理论上这台车的零百加速时间是 7 秒，但实际也就在 7.5 秒左右。"

朋友满意地说："我觉得这款车外观设计很科学，极大地降低了风速阻力……"

其实，朋友接下来和销售员所探讨的一切，都是他之前补习过的功课，很快他们便签了订购合同。但是，如果销售员不进行反问，只是进行常规的一问一答，那么，这位朋友就不会主动讲自己之前所了解的一切，沟通势必也会变得机械。换句话说，正是因为销售员的反问，才激发了客户积极沟通诉说的态度。

【敲黑板，划重点】

在回话中运用开放式反问，首先要明白开放式反问的目的，其旨在迫使对方打开思维，积极主动地去寻找答案，同时进一步分析对方的回答，促进有效沟通。

开放式反问的适用情况有两种：一是对于提问者的问题，我们不知道或者了解得不够深入。这时将问题以开放式疑问抛给对方，听听对方的意见，无疑是最好的选择。二是我们知道答案，提问者也是明知故问时。之所以这样提问，无非想确定自己心中的答案，或是寻找对方的漏洞，或是寻找自我表现的机会。

反问语气不同，结果大不相同

同样一句话，通过不同的语气表达，所传递的意义也会大相径庭。反问作为一种表达方式，其语气同样能够影响信息的传递。

例如，一对夫妻因琐事争吵，妻子责备丈夫：“你也不看看自己干了啥事？辛辛苦苦赚来的钱天天买彩票，值得吗？”丈夫若以坚定的语气大声回应：“怎么不值得？万一哪天中奖了，我们的生活不就大大改善了吗？”这样的反问带有反驳和强制对方接受自己观点的意味，可能会加剧争吵。

然而，如果丈夫改用平和温柔的语气说：“怎么会不值得呢？想象一下，万一中奖了，我们的生活会有多大的改善啊？”（金句点睛：反问的语气千变万化，每一种都蕴含着不同的情感和意图，能够引导对话走向截然不同的方向，产生截然不同的结果。）

这样的反问则显得更为温和，带有探讨的意味，更有可能使妻子冷静下来，从而更有效地解决分歧。

因此，反问的语气对于传递意思和产生结果至关重要。在进行反问时，我们需要准确把握语气的运用。

在公共场合，反问的语气应尽量温和。例如，在接受记者采访或多人开会讨论时，面对大众或听众，如果对方的问题不过分，我们应尽量采用温柔的语气进行反问。这既体现了自己的职业素养，又能有效地引导对话，占据主动。

此外，与对方的关系也会影响反问的语气。例如，刚入职时与同事交流，我们通常会非常客气，使用“请”“您”等敬语。然而，当与某位同事熟络后，客气话可能会减少，语气也会变得更加直接。反问时也是如此，当与对方关系亲密时，反问的语气可以稍微强硬一些；而面对陌生人或不太熟悉的人时，如果不是原则性问题，反问的语气应尽量温和缓和。

同时，级别、威望和从属关系也会影响反问的语气。作为下属，最好不要使用反问的语气回话；而作为上司，则可以根据问题的特点调整反问的语气。例如，当下属问了一个非常简单的常识问题时，上司可以用深沉、严肃的语气进行反问，以体现指责的意味；反之，则应以温和的语气反问，以体现引导的意味。

另外，反问的语气还需根据事态的严重程度来决定。当面对严重的事情时，如被怀疑是小偷，即使场合、身份等因素存在，也应以强烈的语气进行反问，以有效地反驳对方并占据主动。

就反问的方式而言，主要有自问自答和自问彼答两种。自问自答是指自己提出问题并自己回答，这种方式能够迅速扭转沟通局面，使对方在再次发问时更加谨慎。而自问彼答则是指自己提出反问让对方回答，前面提到的多种反问方式都属于这一类别。

【敲黑板，划重点】

说话语气是内心态度的外在表现，当某些话语不便直接言明时，语气便成为一种有效的传达方式。

在反问中，语气的运用需综合考虑“场合”“关系”及“事态”这三个关键因素。通常情况下，我们需要根据具体情境和与对方的关系来调整反问的语气。然而，在“事态”尤为严重时，为了有效应对，我们或许可以暂时忽略“场合”与“关系”的考量。

此外，反问的形式也多种多样。有些反问可以采用自问自答的方式，通过自己提出问题并立即给出答案，来迅速明确立场或引导对话走向。而有些反问则不适合自问自答，需要等待对方的回应。值得注意的是，不同的语气在反问中体现出的态度也会有所不同，因此，我们需要根据具体情境来灵活运用。

第八章　看人回话——看对人，回对话

★根据情感关系的不同，回话的技巧性也有差异。

对领导：不卑不亢，有礼有节

明朝开国皇帝朱元璋，在家中排行老八，所以也叫朱重八。在他坐上皇帝宝座后，不断有一些乡里乡亲找上门来，朱元璋是见也不是，不见也不是。见吧，怕被人揭了当年穷困潦倒的老底，有损如今的帝王尊严；不见吧，又怕被人说自己忘本。最终，他还是决定与故人见上一面。

一个发小得以觐见，刚见到朱元璋就跪行大礼，头都没敢抬一下，一边叩拜，一边高呼“万岁，万岁，万万岁”。

朱元璋佯装不识，身边的侍从问道：“下跪者何人？”

来人自报了家门，然后说起来自己与朱元璋儿时的往事。他说：“想当年微臣随驾扫荡芦州府，打破罐州城，汤元帅在逃，拿住豆将军，红孩儿当关，多亏菜将军……”

一席话说得朱元璋心中非常喜悦，当即便封他一个小官。

另一个发小听说此事，满心欢喜，心想：“都是儿时的小伙伴，他可以在京城混个一官半职，我也不会比他差在哪里呀。”于是乎，他也进京面圣，一见面就迫切地跟皇帝叙旧，说：“朱重八，你真的是飞黄腾达了，当了皇帝果然威风极了……”

侍从打断他，问了同样一句话："下跪者何人？"

此人一脸惊讶，说道："你不记得我了吗？当年我们可是一起光着屁股玩耍的好兄弟，你干了坏事，还是我替你挨打呢！"

见朱元璋没反应，他变得更加迫切起来，极力想要表明自己与朱元璋交情匪浅，于是接着说："你记得吗？有一次我们去偷豆子吃，怕别人瞧见，就偷偷在野地里用破瓦罐煮。豆子还没煮熟，你就等不及了，伸手抓把豆子就往嘴里塞，结果慌乱之中把瓦罐也打破了，汤水、豆子撒了一地。你因为吃得太急，被豆子噎住了，卡得你话都说不出来，幸亏我及时出手，帮你把豆子弄了出来……"

话没说完，朱元璋已忍无可忍了，一声令下，这位发小就被斩立决了。

同样一件事，一个飞黄腾达，一个人头落地。究其原因，就是要会看人说话，看对人，回对话。两个发小最大的区别在于：一个知道自己面对的是君王，一个认为自己面对的是故人，殊不知，故人已不是曾经的故人，君王也不再是曾经的放牛娃。

职场就好似一个小型社会，那么，我们该怎样跟领导沟通，回答领导的问话呢？我认为要牢记八个字：不卑不亢，有礼有节。

字很简单，做起来却很难。

比如领导给你分配工作任务，超出了你的职责，怎么办？一是违心接受，大包大揽。二是说明情况，委婉拒绝。

我是不赞成第一种做法的，明知工作量太大，难以完成，还要接手。完成了还好，完不成呢？到时再找借口就只能显得你工作能力不足，所以还是一开始就拒绝比较好。那要怎么拒绝呢？态度强硬，直截了当？还是坚持原则，巧妙回击？

"老板，这个我可做不了，手头的活就够我忙的了，你还是让别人做吧。"

态度很坚决，但也很强硬，领导不会觉得你累，只会觉得你蛮横，没能力应对工作。

“老板，我手头现在有两个大型计划，四个小型项目，我应该最先处理哪个？”（金句点睛：与领导沟通时，保持不卑不亢的态度，既展现尊重又不失自我，言语间有礼有节。）

什么？已经有了这么多工作？领导瞬间就能明白你的意思，自然会把其中一部分工作安排给其他人。这样一来，既没有顶撞领导，拂了他的面子，也减轻了你的工作量，让领导知道了你对待工作认真谨慎的态度，两全其美。

切记，工作是要尽力做好，但也要量力而行。坚持自己的原则，温和委婉地拒绝，并不会让领导对你有意见，毕竟对他来说，及时有效率地把事情做好才是最重要的。

再比如领导真心表扬你，说：“你辛苦了！”

你要怎么回话？

我就曾遇到过这样的事情。那是我的第一份工作，面对领导的夸赞，我几乎是不假思索，脱口而出，说：“没事儿，又不是什么大活！”

这般回答后，老板那里准有大活要交给你。在他看来，你的能力如此之强，若不人尽其才，岂不太可惜？反正对你来说十分轻松，工作任务再重一些，反而充实了你的工作时间。

这样的结果绝对不是我想要的。那该怎么回话呢？

“不辛苦，不辛苦，虽然是累了点，但是看到项目有了新进展，我觉得一切都值了。”

这样的回答也许会更好，前半句看似谦卑的回答，从侧面肯定了自己的辛苦；后半句对工作的牵挂又彰显了自己对工作的热忱与真诚的态度。

【敲黑板，划重点】

看人说话，身份不同，回话就要有所区别。

领导的要求不能一味接受，有时温和地拒绝效果更好。

面对领导的表扬，肯定自己的同时还要肯定领导，工作会更顺畅。

对同事：亲密有间，尊重先行

同事，即在同一单位共事的人。对于上班族而言，除去睡眠时间，一天中相处时间最长的人便是同事，因此，同事间的相处显得尤为重要。

那么，你认为应该如何与同事交流和相处呢？你又喜欢和厌烦什么样的同事呢？对我而言，有两种同事最让我难以接受。一种是唯我独尊、冷傲清高，对他人漠不关心的类型；另一种是话痨型，总是打听和传播别人的隐私或小道消息。

我的妻子曾是一名出纳，她的搭档是一位经验丰富的老会计。妻子刚入职时，本以为能跟着老会计学到很多知识，但现实却让她大失所望。

"刘会计，请教一下，刚才那个业务应该怎么处理呢？"妻子满脸笑容、充满期待地问道。然而，老会计却冷冷地回应："这个都不知道？一点经验都没有，人事部门是怎么招的人！"一盆凉水浇灭了妻子的学习热情。后来，妻子再向老会计请教问题，他干脆不理不睬。几次下来，妻子的学习热情被彻底打压，两人之间的合作也变得不再融洽。

妻子常向我抱怨这位老会计自私自大、不懂得尊重人。她愤愤地说："出纳就低人一等吗？我们只是分工不同而已。他可以不告诉我工作上的秘密，但也不能这么恶语相向吧？每天见面的同事，这样做真的好吗？"

还是说我妻子的事，她以前单位的一位同事是话痨型的人，什么事都想打听，比如别人的婚姻状况、孩子年龄、婆媳关系，甚至爱人的收入和感情状况等。妻子说："可以闲聊，但不能总往私密话题上聊。"

当妻子和同事聊电视剧情节时，同事也会顺势将话题引到她的私生活上。妻子说："现在的物价太高了，周末都不敢去逛街了。"同事却问："你老公一个月能挣多少？他舍得给你花钱吗？"这样的聊天方式让妻子感到反感。

又如下面场景，在公司休息区，午休时间，同事A和同事B在聊天。

同事A："嘿，你今天看起来有点累，昨晚没睡好吗？"

同事B："嗯，有点失眠，不过还好，不影响工作。"

同事A（继续追问）："失眠了？是不是最近有什么烦心事？家里出什么事了吗？"

同事B（略显不悦）："哦，没什么大事，就是一些个人问题，不想多提了。"

同事A（不放弃）："哎呀，说说嘛，说不定我能帮你出出主意呢。"

同事B（明显反感）："真的不用了，我现在只想休息一下，不想聊这些。"

在这个例子中，同事A不断追问同事B的私人问题，即使同事B已经表现出不想继续谈论的意愿，这引起了同事B的反感。（金句点睛：与同事相处及交流时，应保持适当的亲密与距离，要尊重个人的空间，不要总想打探对方的隐私，否则必定会引起反感。）

若一个人想守护自己的隐私，而另一个人却总是想要窥探，这无疑会让人感到不尊重。同事之间，不一定非要局限于工作话题，可以有私下往来，甚至成为朋友，但即便是朋友也要懂得分寸、明白界限。

对很多人来说，同事可以是朋友，但很少能成为挚友或闺蜜。因为有些话、有些私密的事，我们只能向关系极好、情谊深厚、极为信任的人倾诉，而这样的人通常不会是同事。反过来讲，我们也是他人的同事，因此，尽量少提及夫妻间、婆媳间、家庭财务收支等敏感话题。尊重他人隐私是一个人的基本素养。

所以，只有先做到尊重他人，才能谈及如何交流和沟通。1960 年，43 岁的肯尼迪在竞选总统时，曾遭到众议院发言人萨姆·雷伯恩的恶意嘲讽，称他“乳臭未干”。然而，肯尼迪并没有生气，而是微笑着用一句话巧妙地回击了他：“萨姆·雷伯恩可能认为我年轻，不过对于一位 78 岁的老人来说，在他眼里大部分人都很年轻。”

很多时候，面对恶意刁难，我们都会生气并选择反击。然而这样做虽然解气，却解决不了问题。如果放松心情，用幽默风趣的语言回应，不仅能够化解尴尬，还能让人对你刮目相看。就像肯尼迪总统那样，幽默的语言仿佛有无穷的魔力，它能将严肃枯燥的谈话变得生动有趣，让紧张的气氛瞬间缓和，也能化解矛盾、消除误会，缩短人与人之间的距离。因此，风趣幽默的人都特别有魅力。

【敲黑板，划重点】

同事，即共事之人。在相处中，应保持适当距离，切莫越界。

实现沟通顺畅的前提在于尊重他人。

掌握一些说话技巧，幽默风趣的语言表达能够拉近彼此的距离。

对客户：主导思维，避开雷区

常言说的好，好胳膊好腿不如一张好嘴，对于营销人员来说，嘴就是攻克客户的最大武器。跟客户交谈得好坏，最终能否成交，就看你如何使用这个武器了。

我认为销售人员大致可以分成三个层次。低层次的销售，自己说，机械地描述产品，被动地等待客户选择；中层次的销售，听客户说，了解客户的需求而后满足客户；高层次的销售，从与客户的交谈中，挖掘出客户的需求，再卖出自身的产品。

对于高层次的销售员来说，他们更注重倾听，引导客户多说，自己再根据客户所讲述的内容进行回应，一说一回之间，就是信息的互换及思想的碰撞。在这样的谈话中，看似客户在主导谈话，实则是销售人员在暗中掌握着局面及话题走向。

所以，把客户放在看似主导的位置，把自己放在“回应者”这个位置，对销售人员十分有利。这样就有充分的时间收集信息，做好分析，然后以最为得体或近乎完美的回应，走进客户的心，博得客户的信任与好感。

虽然说，销售必须要满足客户的需求，但我们要明白，客户的需求是五花八门、纷杂多样的，而我们所售卖的商品是固定的，这也就意味着没有任何商品能完全符合客户的需求。如果只是听客户叙说要求，一味地附和他，由他主宰谈话，那么你的商品肯定是不足以满足他、打动他的。因此，销售人员在谈话中要起到主导作用和引导作用。

就比如下面购买电暖器的例子，客户的目的性很强，就是需要购买电暖器。谈话中他会向你描述所需电器的外观、品牌、功率等，作为销售人员，如果你跟随客户的话题，那么别说空调了，就算你有电暖器也有可能因为不符合他的要求而卖不出去。

但假如销售人员听了客户的需求，稍加分析就会发现他需要的是“让他暖和”的电器，并不一定是电暖器。

“先生，您看这天气也冷不了多久了，电暖器在其他季节也用不着，还占地方。您看我们这空调，能制热还有制冷、除湿功能。而且呀，现在是淡季，优惠力度大，买着特别划算。”

这么一说，是不是有了成交的可能性？

以下是生活中的又一个例子，展示了在与客户交流时如何主导思维并避开雷区，以引起客户好感或促成交易的方法。

场景：汽车销售展厅，客户正在看一款新车。

销售人员：“您好，欢迎光临！看您对这款新车很感兴趣，它确实是我们今年的主打车型，无论是性能还是设计都非常出色。”

客户：“嗯，看起来不错，不过价格好像有点高。”

销售人员：“（主导思维，避开价格敏感雷区）确实，这款车的配置和品质都是一流的，所以价格相对会高一些。但您知道吗？我们最近有一个特别的购车方案，可以大大降低您的购车压力，同时保证您享受到最优质的服务。”

客户：“（感兴趣）哦？那具体是什么样的方案呢？”

销售人员：“（详细介绍方案，引导客户关注价值而非价格）……”

（金句点睛：与客户交流时，需主导思维方向，确保对话高效且有针对性，同时巧妙避开敏感雷区，以专业且贴心的服务赢得客户的信任与满意。）

在这个例子中，销售人员没有直接回应客户关于价格的担忧（这是一个常见的雷区），而是转而介绍了一个能够减轻客户购车压力的方法，从而主导了对话的方向，并成功引起了客户的兴趣。

销售人员要学会引导客户，毕竟很多客户的需求是模糊的，很多新产品他是不明白，甚至不知道的。你要做的就是根据客户的描述，抓住他的根本需求，一步步引导他，主导谈话内容，达到最终成单的目的。

【敲黑板，划重点】

学会主动引导客户，掌握与客户谈话的主导权。

在交流过程中，务必谨慎言辞，避免跨入雷区或触碰客户的敏感点。

最为稳妥的方式是围绕本产品及行业展开话题，在熟悉的领域内，你更容易占据主导地位，引导对话朝着有利于你的方向发展。

对朋友：彰显个性，随性随心

“朋友一生一起走，那些日子不再有，一句话一辈子，一生情一杯酒。朋友不曾孤单过，一声朋友你会懂，还有伤还有痛，还要走还有我……”

周华健的《朋友》，歌词深入人心，经久不衰。

说到朋友，谈到友情，就不得不提到马克思和恩格斯，他们的友谊持续了40年，共同创造了伟大的马克思主义。在马克思生活陷入困境时，恩格斯没有躲避，没有视而不见，而是竭尽所能地去帮助他，帮他渡过难关。而当恩格斯需要帮助时，马克思也是毫不犹豫，倾囊相助。他们之间，没有付出与回报，而是真正的惺惺相惜。

物以类聚，人以群分。

马克思和恩格斯因为志同道合成就了他们之间伟大的友谊，类似的情况还有伯牙、子期的知音之交，孔融、祢衡的忘年之交，角哀、伯桃的舍命之交。三国时期，嵇康、阮籍、山涛、向秀、刘伶、王戎、阮咸，他们性格各异，政见不同，但他们都爱酒，又大都崇尚老庄之学，不拘礼法，生性放达，由于常集于山阳竹林之下，肆意酣畅，便得了“竹林七贤”的美名。

朋友之间有极大的包容性，只要有彼此认同的共通点，再大的性格差异都不会成为友谊的阻碍。

朋友，是最特别的存在。志同道合，可以；个性迥异，无妨；性别、年龄，通通不成问题。只要你身上有我喜欢、认同的点，我们就可以成为朋友。

“你这么晚回家，嫂子不会不高兴吧？”

“有什么不高兴的，你以为我跟你似的，‘妻管严’。你就应该学学我，把媳妇管得服服帖帖的。”

“你觉得我精心调配的这饮品怎么样？”

“喝着跟泔水似的，太难喝了。”

“李总最近很忙啊！”

“最近失业在家，无聊得要死。”

（金句点睛：与朋友交流时，可以随性随心，不强求形式，追求一种轻松舒适、自然而然的氛围，但也要注重对方的性格才好。）

朋友之间的对话，看似不得体、不合适的回话，却像酒桌上的下酒菜，再平常不过了。

所以，千万不要小瞧了朋友之间的包容张力。与朋友对话时，我们可以做回自己，放松自己，不必神经紧绷，生怕哪句话说错了，招致不堪的后果。因为朋友之间说错话，一句“抱歉”就能平息，一杯酒就能化解，一句调侃就能烟消云散。与朋友之间，没有什么“狭路相逢”，只有“相请不如偶遇”。

当然，朋友之间的情感与包容是相互的，不能说，同样的谈话，你对我可以随心随性，我对你就得小心翼翼、规规矩矩。你开的玩笑，我受得起，那么我开的玩笑，你也要受得起。同样的一句调侃，你对我讲时，我没有生气，我对你讲，你反倒生气了，那么，这样不平等规则下的对话就很难愉悦，除非一方甘愿忍受，或是性格所致，不会以同样的方式“回敬”对方，但却能承受或包容对方的语言风格。不过，这样的情况很少。

比如一个性格外向的人与一个性格内向的人是好朋友，一个大大咧咧，另一个则总是斯斯文文，这样的两个人，彼此习惯了对方的语言风格，知晓对方的秉性，因此，哪句话是有心，哪句话是无意，他们自有分辨。

但关系没有到达这个程度，就需稍加谨慎，玩笑归玩笑，起码的尊重、得体的语言还是要有的。

朋友，不是领导，没有上下级关系；朋友，不是同事，没有利益冲突；朋友，也不是家人，无须考虑那么周全。我们的朋友有很多，有分享私事的密友，坦诚相见的诤友，交情深厚的挚友，还有盟友、笔友、网友……这么多的朋友，我们不可能跟每个人都无话不谈。所以，我们跟每个朋友交流的话题也会有侧重点。知道与谁谈话适用什么样的风格，有些人开不起玩笑，有些人喜欢开玩笑；有些人心思敏感，有些人“神经大条”。同样是放松，随性随心的同时，对不同的人要区别对待。

【敲黑板，划重点】

朋友之间，只要彼此相互认同，便不存在界限之分。

与朋友相处，应随性随心，追求舒适与自然的氛围。

不同的朋友，能够映射出我们多样化的个性与自我。

对面试官：从容自信，注重细节

面试，是企业招聘员工的一种手段。我们知道，在通常情况下，招聘方在面试前会先通过简历及笔试来对求职者进行前期筛选，然后才会用面试来决定最终结果。

简历，能比较详细地反映出求职者的个人信息、经历等，但真实性有待考察；笔试，能更进一步地反映个人的专业能力，但其他方面难以体现。而最后的面试，就是要通过交谈来获得前两轮难以获得的信息，包括求职者的仪表、性格、工作动机、工作期望，还能初步考察验证求职者的能力、经验等。

一个人的一生会经历很多次面试，有一对一的面试，也有集体面试；有成功的面试，当然也有失败的面试。

在孩子上了幼儿园之后，妻子终于脱离了社区里的“遛娃群体”，打算回归职场，去找份工作。

其中的一次面试，面试官像拉家常一样跟妻子聊了挺多，提到孩子时，问孩子上的哪所幼儿园，为什么选择那所幼儿园，等等。这些问题，让妻子一下子打开了话匣子，夸夸其谈，同时也消除了内心的紧张，也降低了“防备”。接着，面试官问妻子：“为什么应聘财务岗位？如果把你安排到销售岗位，你愿意吗？”

妻子不假思索地回绝了，而且是不留余地。

虽然面试官在面试结束时表示“回家等通知”，但最终的结果显而易见，是失败了的。

妻子应聘的是财务，这个岗位多要求严谨、稳重，妻子的夸夸其谈显然有点太过于“活泼”了；问妻子能否转岗，妻子可以拒绝，但是太过直接且言辞激烈，说话也太过绝对。

又如，朋友陈华应聘了一家企业的技术岗位，面试中，面试官问及他是否愿意转岗至销售部门时，他对此并无兴趣，但回话却婉转有致。

面试官：“张华，考虑到你的沟通能力很强，我们觉得你很适合销售岗位，你考虑转岗吗？”

陈华：“非常感谢您对我的认可，也非常珍视这次面试的机会。不过，我个人职业规划更偏向于技术方向，希望能在技术领域深耕。我相信贵公司也有适合我的技术岗位，我非常期待能在这方面为公司贡献自己的力量。”（金句点睛：面试官往往会提出一些测试性问题，回话时要注重细节，婉转回应，是面试成功的关键。）

这样的回答既表明了立场，又保持了礼貌和尊重，注重了细节的婉转表达。

细节，有时候就是决定你能否应聘成功的关键。

还有一种面试方式是集体面试。通常，面试官会把众多求职者分为若干小组，提出一个话题让小组进行讨论，然后再选出一个代表进行总结性发言。这种情况下，个人直接与面试官的问答很少，面试官更像是旁观者，冷静地分析每个应试者的能力，考查的能力方方面面，包括人际沟通能力、洞察分析能力、把握环境的能力、团结协作的能力等。

小组是随机组合的，求职者互不相识，个性各异，但要求却是在规定的时间内通过讨论分析得出一个统一结论。我觉得这种情况下，面试前所做准备的作用微乎其微，临场发挥能力则更加重要。

小组讨论时，要敢于发言，敢于表达自己的观点，要在有限的时间内表现自己。但是一定要牢记，这时你们是一个团队，要能求同存异，切不可为了证明自己的观点，而与小组其他成员发生激烈的争执。

提出自己的观点时要自信，表达时要言简意赅、条理清晰。有时会出现这么一种情况。

面试官问："你对 ×× 怎么看？"

当别人回答时，你才发现，他所说的，正是你想要说的，这时该怎么办？

首先不要胆怯，如果如实地回答："我和他的观点相同。"

面试官听到这样的回答，会觉得你这个人没有真材实料，是在拿别人的观点充数，随声附和。最好的情况，面试官会对你的话心存犹豫，因为他也无法确认，你是真的持相同观点，还是没有观点，以他人的观点来掩护自己。所以，在这种情况下，面试官对于第一位首先提出观点的人印象会更深刻。

最好的方式是，一定自信、淡定且自然流畅地说："我与 ×× 的观点有些相似，我的观点是……"

以此开头，然后改变一下说话技巧，再引出一个例子，对自己的观点进行佐证，这样有理、有据、有姿态，即便总结出来的观点与其他人员相似，面试官心中也会有好感。再者，这样的表现，面试官也会觉得你随机应变能力很强，很机智。

面对异议时要从容，斯文有礼、不卑不亢。有人对你的观点提出质疑时，不要急于辩驳，你可以先在某种程度上赞同他，然后再次说明自己的观点。甚至为了小组能得出统一结论，你也可以放弃自己的观点，接受其他人的意见。这会让面试官觉得你有包容力、协调力。

小组讨论本就是各抒己见，观点只是体现你的思维方式，要勇于表达观点，面对不同观点的态度也能反映出你个人的处事能力。

在面试过程中，自信从容要贯穿始终，细节也会助我们成功。

【敲黑板，划重点】

面试，不能掉以轻心，要做到外松内紧。

自信从容，表现出整个人良好的精神面貌。

细节决定成败，注重细节不掉分。

第九章　细节辅助——肢体语态，让回话更生动

★肢体语态也是一种语言，同样能够传达信息。

肢体动作演绎，阐述形象生动

在人际交往中，除了语言沟通外，肢体语言同样是一种重要的沟通方式。恰当的肢体语言能够增强沟通的效果，使双方更加亲近。语言沟通展现的是我们的智慧和修养，而肢体语言则反映了我们的风度和形象。

在回话时，动人的言语固然重要，但得体的肢体动作同样能为我们的回答增添色彩。肢体语言，如面部表情、动作手势和姿态等，在我们的沟通中不可或缺。它们能够增强我们的表达力，使我们在阐述事件时更具魅力。

在社交场合中，一个人的肢体语言往往能够透露出他的修养和内心世界。因此，在与他人交谈时，如果我们能够运用大方得体的肢体语言，展现出我们的自信和修养，无疑会给对方留下良好的印象。例如，主持人在主持节目时，如果配合上合适的表情和动作，就能使节目更加生动有趣。然而，肢体语言也需要适度，过于频繁或夸张的动作会让人感到烦躁。

恰当的肢体语言能够强化我们的意愿和情绪。比如，当有人询问你是否愿意参加某个活动时，你连连摆手和摇头，配合着说“当然不想去了”，就能使你的拒绝意愿更加明确地传达给对方。同样地，当你向别人

请求帮助并表现出焦急的情绪时，你的肢体动作也会让对方感受到你的急切心情。

肢体语言是语言的一种延伸，它能够帮助我们更生动地表达思想和情感。在学校活动中，老师会教导学生运用肢体语言来丰富表演内容，使表演更加饱满。通过游戏等方式的练习，学生们能够逐渐放开自己，更加自信地运用肢体语言。

好的演员会利用肢体语言来吸引观众，同样地，我们在日常沟通中也可以运用肢体语言来增强表达效果。（金句点睛：肢体语言作为一种非言语的沟通方式，同样具有举足轻重的地位，它能够传递丰富的情感和信息，使交流更加立体和生动。）

皱眉、摇头、埋头蹲下等动作都能够表达出我们此刻的情绪。因此，口头语言与肢体语言的结合会使我们的表达更加直观且富有感染力。

在与他人沟通时，我们需要注意自己的肢体语言。眼神交流是重要的一环，但也要避免长时间对视，这会让对方感到不自在。站姿要直立且不僵硬，展现出自信和精神抖擞的形象。坐姿则要自然放松，不要过于闲散或扭捏。同时，手势的运用也要适度，幅度合适的手势能够辅助语言表达，但过分夸张的手势则会适得其反。

总之，语言的美妙不仅仅在于声音的传达，更在于与得体肢体语言的结合。要完美地运用肢体语言，我们需要时刻学习并勤加练习。通过不断的实践和改进，我们能够在回话中更加自信地演绎自己，让他人更好地理解并喜欢我们。

【敲黑板，划重点】

在与人交谈的回话过程中，给人的第一印象至关重要，而一个人得体的谈吐修养往往能够为其赢得良好的印象。

在此过程中，肢体语言的辅助作用不容忽视。一场声情并茂的谈话，能够充分展现一个人的风度与魅力，从而为其成功之路铺设坚实的基石。

因此，我们应该充分发挥自己的肢体语言优势，让回话变得更加生动鲜活，以此增强沟通效果，给人留下深刻而美好的印象。

吐字清晰，意思表达不含糊

与人沟通是一门深奥的学问，回应别人的话语同样也是一种需要技巧的艺术。无论是在日常生活中还是在职场环境中，高效的回话都至关重要，而这离不开清晰、有逻辑的表达。

有些人说话不清晰，可能是先天性的原因，如口吃等，这类人往往因为自身的缺陷而缺乏自信，不善于与人交谈。然而，更多的是由于后天因素导致的，比如有些人因为懒惰，连说话都显得含糊不清，仿佛连说话的力气都没有，这让听者十分费劲。当一方提出问题，而另一方虽然回应了，但吐字不清、含糊其辞，让人半懂不懂，这无疑会打击提问者的积极性，使其对谈话失去热情。

因此，我们说出的话语，就像出售的商品一样，需要做好“售后”工作。当我们回应别人的话语后，要观察对方的反应，判断对方是否真正理解了我们的意思。如果对方表现出迷茫或疑惑，那就意味着我们的回话可能不够清晰，甚至让对方完全无法理解。这时，我们应该放慢语速，字字清晰地再解释一遍。

除了吐字不清外，说话声音小也是影响表达清晰度的一个重要因素。这可能是由于性格内向、胆怯或是不善交流导致的。对于这种情况，关键在于个人的决心和意愿。只要用心去改善，克服内心的恐惧，提高音量并不是一件难事。

然而，最大的障碍往往在于个人的心态。如果一个人对自己的回话表现无所谓，不在乎对方是否能听懂，甚至不在乎沟通的结果，那么这样的情况就很难得到改善。因为少一个朋友、少一个订单、少一次升迁机会，对他来说都无所谓，那么他又怎么会努力改善自己的沟通技巧呢？

在沟通中，语速过快、口齿不清是大忌。有些人口齿伶俐，但并不一定就是好的口才。回话的关键在于我们要清晰地表达内容，让对方能够轻松理解。在职场中，竞争尤为激烈，我们每天都在与领导和同事沟通。如果一个人能够掌握良好的沟通方法，那么他的职业生涯就会更加顺利。

以小甲和小乙为例，小甲为人老实、工作认真，深受领导喜爱。然而，由于她性格腼腆、不善沟通，当有接待客户、汇报工作等需要抛头露面的任务时，她就显得力不从心。而小乙则落落大方、善于言辞，每次都能够有理有据、有条不紊地汇报工作，回应领导的提问时轻松自然、咬字清晰、声音悦耳。久而久之，这些重要的工作都交给了小乙，而小乙也成功获得了升迁的机会。（金句点睛：在沟通时，吐字清晰是至关重要的，它能够确保意思表达准确无误，避免产生歧义或误解，使对话更加顺畅，信息传达更加高效。）

小甲因为自己的性格和表达能力而失去了升职的机会，这让她深受打击。她也明白，如果自己在语言表达方面的能力没有提高，那么类似的事情还会不断发生。因此，提高回话的技巧、清晰地表达自己的想法至关重要。即使一个人满腹经纶、博览群书，但如果不能清晰地表达出来，让对方听清楚，那么这些才华也就白白浪费了。

咬字清晰需要通过日常锻炼来实现。我们知道一些播音主持人员也是通过不断的练习才成功拥有了清晰准确的口语表达。说话是人的本能，但清晰的发音、悦耳的声音却是社交中的客观要求。如果平时说话不清楚，我们可以通过一些方法来加强锻炼。比如调整语速进行快速朗读，发现发音不准的字并记录下来进行纠正；养成良好的发音习惯，勤查字典；多听一些播音主持节目，学习他们的发音方法并改善自己不良的发音习惯；模仿自己喜欢的主持人进行发音练习，久而久之就会有很大的进步。

当然，说话清晰只是表达的一部分，思路清晰同样重要。如果表达的内容没有条理，即使说话再清楚也会显得语无伦次。因此，在锻炼清晰发音的同时，也要注重提高自己的逻辑思维能力。

【敲黑板，划重点】

在沟通回话的过程中，吐字不清或中心意思表达不明确，极易引发误解，进而对沟通成效产生负面影响。

为了提升表达的清晰度，可以适当放慢语速，确保每个字都能被准确传达。同时，应努力克服声音微弱的习惯，以自信而适度的音量进行表达，无需刻意提高或压低音量，只需保持自然流畅即可。

语气不同，表达效果不同

沟通时，语气语调的运用对沟通结果具有显著影响。回话中的语气，能够影响聆听者的感受，使之感到舒适或产生负担。

我们说话的效果，既取决于内容，也受语气的影响。即便回话内容再精彩，若语气不佳，也会让听者心生不悦。生活中不乏“刀子嘴，豆腐心”之人，对于了解他的人，或许能给予一定的体谅；但对于不熟悉他的人，这种尖锐言辞可能会给对方带来很大的伤害。

语言文化博大精深，同一句话，以不同的语气说出，给人的感觉截然不同。例如，当孩子向你求解一道错题时，你若以慈爱的语气回应：“这道题你不会吗？”孩子会感受到你的关爱与耐心；而若你以不耐烦或惊讶生气的语气回应：“这道题你不会吗？”孩子则会感受到你的失望与严肃，甚至产生被批评的感觉。

在教育孩子的过程中，我们难免会有不耐烦的时候。我曾与孩子不断磨合，逐渐掌握了一些规律。我发现，当我对她语气不佳时，她会特别排斥，甚至产生强烈的逆反心理。比如，当孩子拒绝收拾玩具时，我若生气地说：“把你的玩具给我收起来，否则我就扔垃圾桶了！”她会哭闹着拒绝；而若我温和地说：“宝贝，把你的玩具收起来，爸爸要打扫卫生了。爸爸负责家里其他地方，你负责整理你的玩具，好吗？”她会欣然接受，并高兴地整理玩具。（金句点睛：语气的变化能够直接影响表达效果，不同的语气传递着不同的情感和意图，产生截然不同的沟通结果。）

孩子非常聪明，他们能从语气中判断你的情绪。他们会因你温和的语气而感到甜蜜，也会因你恶劣的语气而感到害怕。因此，对孩子要说正面的话，多鼓励他，他才会进步。父母是孩子成长的催化剂，信任的语气会让孩子更加自信；而质疑的语气则会让孩子变得消极，甚至破罐破摔。

相比孩子，成人更能从语气中判断一个人的情绪及是否话里有话。因此，有时通过语气也可以委婉地表达自己的情绪。若想让对方知道自己的不悦，可以让语气变得冷淡；若想缓和气氛，即使语言内容刻板，温和的语气也能起到调剂作用。

有些人喜欢逞一时口快，不考虑别人的感受。有时与人发生口角，本是小事一桩，但可能因为声音偏大、语气不佳而将小事变大，导致不欢而散甚至大打出手。因此，回应别人时要保持声音柔和，柔和的音调能够让人更容易接受。

当与他人发生不愉快时，回话的语调要放慢，用平和的语气来缓解尴尬的局面。当别人不满意、大声与你争吵时，最好不要大声回话，而应尽量减小自己的声音，这样对方也会慢慢降低音量。

我们与人沟通时，应学会心平气和地考虑如何回话。无论面对的是家人、孩子、朋友、领导还是顾客，都应掌握好回话的语气，让语气成为自己表达意思的助推剂，更精准地表达自己的内心。

【敲黑板，划重点】

在进行沟通时，应当秉持诚心实意的态度，以平和的情绪和诚恳的语气来回应对方。在回话过程中，采用亲切的语气能够有效地拉近人与人之间的距离，增进彼此之间的亲近感。

值得注意的是，同样的话语，若以不同的语气表达，往往会带来截然不同的效果。积极的语气能够助力你取得成功，赢得他人的好感与支持；而消极的语气则可能引发误解与冲突，甚至为你树立敌人。因此，在沟通中，我们应当注重语气的运用，以良好的语气传递信息，促进双方的和谐交流。

该微笑的时候微笑，该严肃的时候严肃

在沟通回话中，微笑是一种强大的武器。面带微笑能让人感到特别亲切，恰到好处的微笑能够使人心情愉悦，让双方的交谈更加密切。然而，微笑也需要讲究场合和时机，不合时宜的微笑可能会打击或伤害对方。微笑具有创造力和感染力，但同样也有破坏力，正确运用微笑能为我们的人际沟通带来意想不到的收获。

微笑时要自然，但与人交谈不可能全程微笑，否则会显得虚伪。在谈论严肃问题时，随意发笑会显得不尊重人，破坏交谈气氛。因此，我们应该在适当的时候微笑，在需要严肃的时候保持认真。（金句点睛：在适当的时机展现微笑，在需要认真的场合保持严肃，这样的表现有助于更好地应对各种情境。）

有些领导认为，过多的微笑会让人感觉不够严肃，从而失去威信。然而，在我看来，领导适当的微笑反而能让下级在心理上更放松，工作起来更有动力。当然，领导也不能总是笑颜如花，否则确实会影响威信力。因此，微笑与严肃之间需要把握好平衡，就像橡皮筋一样，有松有弛，松弛有度。

教师同样需要掌握微笑与严肃的平衡。有些教师总是严肃地板着脸，而有些教师则能在严肃中带着一丝微笑。我的堂姐就是一位懂得平衡的教师，她私下与学生交流时总是面带微笑，和善可亲；但在对待学习和纪律方面，她则表现出严肃的态度。

堂姐刚开始工作时，由于性格温柔，很受学生喜欢，但课堂纪律却越来越差。后来她学会了“变脸”，在私下交流中保持微笑，但在学习和纪律方面则严肃起来。这样，她既赢得了学生的喜爱，又维护了课堂的秩序。

无论是领导还是教师，或是日常与他人沟通时，都需要根据场合和交谈对象来区分微笑与严肃。微笑是一种礼貌，表示对谈话者的肯定和尊重；但在对方谈到失落或伤心之事时，我们就不能再保持微笑，以免误解为幸灾乐祸。同样，沟通时也不能过于严肃，否则会让对方感到压迫，导致谈话无法进行。

因此，在沟通中，我们需要根据场合和交谈对象来灵活调整自己的语气和表情，既保持亲切和尊重，又维护自己的威信和立场。

【敲黑板，划重点】

在人际交往中，微笑如同一座桥梁，连接着两个人的心灵，使双方能够成功建立联系。然而，在建立起这种联系后，面对认真严肃的事情，我们就必须展现出相应的严谨态度。

微笑是通往成功的秘诀，而严肃则是处理事务时应有的态度。要想在人生的道路上取得成功，我们就需要学会巧妙地融合微笑与严肃。

在回话时，我们必须审慎地考虑场合、时间和对象。在恰当的时机，以微笑展现亲切与友好；在需要的时候，则以严肃的态度对待问题，确保沟通的有效性和准确性。这样的沟通方式，既体现了我们的专业素养，也展现了我们对他人的尊重。

眼神不游离，注视对方表尊重

在面部器官中，眼睛无疑是最具表现力和灵动性的。它们能够传达出丰富的情绪，如关心、理解和渴望等。若能巧妙运用目光交流，无疑能为我们的对话增添无限色彩。

眼睛，被誉为一个人心灵的窗口。常言道，“你的眼神出卖了你”，可见从眼神中便能解读出诸多信息。在与人沟通回话时，眼神接触的重要性不言而喻。

所谓“眉目传情”，目光交流所传递的信息量之大，占据了沟通中的很大比重。当对方频繁地注视你时，往往意味着对你的话题充满兴趣。而你若能以眼神回应，专注地倾听，对方也会更加认真，说话者也会因此更加自信，使谈话得以顺利进行。

若对方在听到你谈论的话题时，瞳孔放大、眼睛放光地凝视着你，这无疑是他们对你话语的高度认可，也是内心喜悦之情的体现。此时，双方都会受到这种情绪的感染，使交谈更加愉悦。

然而，在与人交谈时，我们往往会陷入关于眼神放置的疑惑：是该始终注视着对方，还是偶尔看向别处？或是在对方与环境中来回切换？因为过于专注或游离的眼神都可能被视为失礼。

事实上，一直盯着对方确实会让对方感到不自在，而总是看向别处则会显得不尊重。若眼神游离涣散，对方可能会认为你在敷衍或不尊重他。在对方与周边环境间来回切换的眼神，也可能引发对方的误解。

最为得体且礼貌的做法是，将眼神放在对方眼睛及鼻子的三角区域内。这一做法在所有的社交场合均适用。当然，这并不是说要一动不动地盯着对方的某个部位，而是要根据谈话的内容，做出自然的反应与回应。如大笑、低头害羞、喝茶，或针对话题内容做出适当的动作等。

在对话中，注视着对方是很重要的，但“自然”二字同样关键。自然地看着对方，会显得大方得体、有礼有节。若对方在回话时连头也不抬，即使言辞再好，也会让我们的好感大打折扣。相反，若对方能够抬头注视我们回话，我们会感受到最起码的尊重。（金句点睛：交流时，保持眼神不游离，专注地注视着对方，这是表达尊重与真诚的重要方式，能够加深双方的情感连接。）

因此，看着别人的眼睛说话，代表着自信和尊重。这是一种礼仪，也是一种“目中有人”的态度。在沟通中，只有注视着对方，才能让对方感受到内心的尊重。同时，这样的眼神交流也会让对方觉得你是亲切的。

在注视对方时，要稳住自己的目光，避免上下打量或眼珠乱转。这样的眼神会让人觉得自己被审视或根本没有被倾听。**回话时，我们应该用柔和的目光去注视对方，因为眼神也是有温度和情绪的。愉快的沟通需要我们学习和运用眼神礼仪。**

【敲黑板，划重点】

在人际沟通交流的过程中，眼神交流扮演着至关重要的角色，它发挥着传递信息、建立联系的重要作用。

当我们回话时，若能以尊敬的态度进行眼神交流，眼神自然而然地会变得柔和，从而使对方感受到被尊重。这种眼神的交汇，能够拉近彼此的距离，促进情感的共鸣与信任的建立。

相反，如果在回话时眼神东张西望、飘忽不定，这样的表现很容易让对方觉得你对他的话不感兴趣，甚至感觉不被尊重。因此，保持眼神的稳定与专注，是展现尊重与诚意的重要方式。

第十章　文字回话——书面表达需严谨

★微信、邮件、微博、朋友圈，不一样的沟通形式，回话同样需谨慎。

有无称谓，大不一样

在人际交往中，礼貌始终是我们应当秉持的首要原则。正确且得体的称谓不仅表达了对对方的尊重，同时也彰显了个人的知识水平与文化修养。无论是古代的信件往来，还是现代的信息交流，称谓都扮演着不可或缺的角色。

礼貌而亲切的称谓，如同温暖的阳光，能够穿透文字的屏障，直抵对方的心田。这样的称谓能够激发双方的共鸣，促进彼此之间的了解与信任，让大家的交流更加顺畅、和谐。

自古以来，人们在书写信件时，总是以称谓作为开头，以此建立起与收信人的关系纽带。称谓的形式多种多样，既有对敬仰之人的尊称，如古代的“夫子”“先生”“大人”，也有现代社会的“老师”“领导”等。（金句点睛：在文字回复中，有无适当的称谓，效果大不一样。恰当的称谓能迅速拉近彼此距离。）

这些称谓不仅体现了对对方的尊敬，也反映了社会文化的变迁。

作为礼仪之邦，中华民族历来重视见面礼仪。老北京人见面时常以

“您吃了吗”作为问候，其中的“您”便是对所有人的尊称。如今，随着教育的普及与进步，孩子们也越来越懂得礼貌，见面时会主动称呼“叔叔好”“阿姨好”。这样的称谓不仅让人感受到温暖与尊重，也为社会营造了和谐友好的氛围。

在文字交流中，由于无法直接看到对方的表情与语气，因此，称谓的运用更加重要。恰当的称谓能够体现一个人的礼貌与诚意，让对方在阅读信息时感受到愉悦与舒心。在现代社会，虽然信件往来已经逐渐减少，但聊天软件中的文字交流却日益频繁。因此，在与人进行文字交谈时，我们仍然需要注意称谓的运用，以展现自己的礼貌与尊重。

称谓的选择不仅要考虑对方的身份与地位，还要结合具体情境与对方的性格特点。对于身份地位较高的人，我们应选择更为尊敬与正式的称谓；而对于性格随和、不拘小节的人，则可以选择更为亲切与随意的称谓。同时，我们也要学会了解对方的想法与期望，选择符合其心理预期的称谓，以更好地建立与对方的良好关系。

总之，称谓是社交礼仪中不可或缺的一部分。恰当的称谓能够体现我们的礼貌、诚意与尊重，拉近与对方的距离，促进彼此的理解与信任。因此，在与他人交流时，我们应注重称谓的运用，以展现自己的良好修养与社交能力。

【敲黑板，划重点】

在文字交流中，由于缺乏面对面的语气语调，信息的传达往往显得较为生硬。此时，合适的称谓便成了我们表达态度、传递情感的重要方式。

一个恰当且合适的称谓，有助于营造和谐的沟通氛围。它不仅能够让对方感受到我们的尊重与礼貌，还能在无形中拉近彼此的距离，为深入的心灵沟通奠定良好的基础。

因此，在文字回话中，我们应当注重称谓的选择与运用，以恰当、礼貌且亲切的称谓来展现我们的态度与情感，为成功的交流打下坚实的基础。

必要的寒暄是回话中良好的铺垫

寒暄语，作为人们相逢时的开场白，是见面打招呼的一种温馨方式，也是交谈双方彼此问候的礼仪体现。良好的寒暄不仅能够展现个人的礼貌与修养，更是开启良好沟通的重要钥匙。

在人际交往中，直接切入主题往往会让对方感到突兀与尴尬，而必要的寒暄则能巧妙地化解这种尴尬，让人在轻松愉快的氛围中展开交流。同样，在文字回话中，寒暄也扮演着不可或缺的角色。它能够为后续的对话做好铺垫，让对方在心理上更容易接受你的信息，从而避免产生排斥感。

寒暄的目的在于拉近交谈双方的距离，打破开场的僵局，向对方表达敬意与友好，甚至传达出想要与对方结交的意愿。**例如，小刘因工作上的失误将合作公司的邮件弄丢了，他在向合作公司负责人王姐寻求帮助时，先以寒暄作为铺垫，通过问候与夸赞拉近了与王姐的距离，使得后续的请求更加自然与顺畅。**（金句点睛：适当的寒暄是必不可少的良好铺垫，它能够营造良好的氛围，使对话更加自然亲切，为后续交流打下良好的基础。）

然而，寒暄也需要掌握一定的技巧。过于夸张或虚假的寒暄会让人感到阿谀奉承，甚至产生反感。因此，寒暄首先要真诚，要表达自己的真情实意，让对方感受到你的关心与尊重。同时，寒暄的话要贴近生活，可以说一些实质性的话题，如询问对方的工作、身体情况等，让对方感受到你的真心实意。

此外，寒暄的话也要适量，不能过度。过多的寒暄会给对方带来压力，让对方感到无所适从，甚至想要终止对话。因此，在寒暄时，要把握好分寸，给对方留下说话的空间，让对话能够自然流畅地进行下去。

总之，好的开始是成功的一半。在人际交往中，必要的寒暄能够为我们开启一段愉快的对话奠定良好的基础。我们可以通过问候、鼓励、夸赞、幽默等寒暄语来打开话匣子，让对方在轻松愉快的氛围中与我们展开深入的交流。同时，我们也要注重寒暄的技巧与分寸，让寒暄成为我们人际交往中的得力助手。

【敲黑板，划重点】

在沟通交流的过程中，寒暄语扮演着至关重要的角色，它如同谈话的导语，具有抛砖引玉的作用，是人际交往中不可或缺的一环。

恰当的寒暄不仅能够迅速拉近你与对方之间的距离，还能营造出一种坦诚相待、和谐融洽的氛围。这种氛围有助于消除彼此的陌生感，为后续深入交流打下坚实的基础。

在回话时，巧妙地运用寒暄语，不仅能够向对方表达你的关心与问候，还能进一步营造和谐的交流环境。这样的寒暄不仅能让对方感受到你的真诚与热情，还能为接下来的对话奠定积极而友好的基调。

因此，在沟通交流中，我们应该重视并善于运用寒暄语，让它成为我们人际交往中的润滑剂，帮助我们更好地与他人建立联系、增进理解、促进合作。

准确的措辞是书面回话的基础

文字对话不同于面对面的交流。面对面说话时，听者可以通过说者的面部表情、肢体动作、语气、语调等细节，更直观地理解说者想要表达的真实含义；用文字对话时，文字接收者看到的只是一行行的文字，理解起来往往需要凭自己的主观臆断。于是，这个时候准确的措辞便尤为重要。

如果是和领导、客户用文字沟通，那么措辞方面最好严谨一些，书面化一些，不要太过随意，显得不够正式。领导说话可以随意，但作为下属，用词要正式一些。

比如，领导在社交软件上询问员工工作进度时说："交给你的策划案做得怎么样了？"

第一种回答："做好了，我发过去你看看吧，有什么问题你尽管提，我再改一改。"

第二种回答："已做好，需要现在发给您吗？"

得到肯定回复后，将文件发过去，再回一句："请您过目。"

两种回答方式相比，哪个会更好？

我认为是第二种。先说第一种回答，言辞给人的感觉透露着轻慢，就好像是在对领导发号施令，如"我发过去你看看吧"，领导会想："你是领导还是我是领导？你说发我就得接，你说看我就得看吗？工作不能一步做到位，非要留点意见让我提了再拿去改吗？"

相比之下，第二种回答会更好些，"请示性"的回话表达了对领导的尊重。把情况转变为领导说发就发，"请""您""过目"，这每一个字，每一个词，都透着对领导的尊敬。（金句点睛：准确的措辞是书面沟通的关键，尤其在与领导交流时，它能体现尊重与专业，确保信息被正确理解。）

至于修改意见，不用你主动向领导要，如果有，领导自动说；如果没有，岂不更好？不多问"修改意见"，也是一种对工作的自信。如果领导有意见反馈，到那时再回一句"感谢领导提出的宝贵意见，我会依照指示加以完善修改"，倒也展现了自己的谦虚。

当然，如果和领导关系不错，或是和领导闲聊，口语化的表达会更自然，更容易亲近一些。因此，一要看谈什么事，二要看和对方关系如何，然后再衡量应当用哪一种文字风格。

有时候，仅仅是“一字之差”，便会给人完全不同的感觉。

比如，问：“×××去哪儿了？”

回一：“我派他去……”

回二：“我让他去……”

回三：“我请他去……”

第一种回话方式，上级对下级说合适，下级对上级或同级说便不合适。第二种回话的语气更弱一些，第三种回话方式要再弱一些。“派”“让”“请”，也可以理解为这是语气从强到弱的排列。

尤其是在正式回话时，必须要注意一些细节，最基本的要求是，用词要精准。

比如，“昨天，我加了一夜的班”。

要么改为“昨晚，我加了一夜的班”，或是“昨天，我加了一天的班”，这样更为准确。

“小李，针对这个策划案，请你各抒己见。”

“各抒己见”这个词是针对多人，对某一个人就不适合用“各抒己见”这个词，可改成“畅所欲言”。如果是多人会话，则可以不针对某一个人，改为“大家”，倒也合适。

在非正式回话中，这些也许不是什么大问题，不影响沟通效果，反而可以当作是一种幽默。但如果是在正式回话中，这样的“病句”最好不要出现，除了惹人笑话外，没人会觉得这是一种幽默。

【敲黑板，划重点】

正式回话中，措辞要偏书面化一些；非正式回话中，措辞则灵活一些，可书面也可口语化。

用词不当，会让一句话变成病句，在正式回话中尤其需要注意。

话有歧义，易生误解

在社交场合中，语言的理解常常依赖于语境与双方的默契。比如，在一次聚餐上，男主人与男客人频繁举杯，男客人偶尔夹些肉食品尝时，女主人会关切地说："多吃点菜。"男客人或许心中疑惑："这是否意味着我只顾吃肉而忽视了其他菜肴？"而实际上，女主人的本意是希望他们减少饮酒，多品尝桌上的各式佳肴，这里的"菜"泛指所有菜肴。然而，男客人可能将其理解为多吃蔬菜，这便是语境不同导致的歧义。

汉语文化博大精深，不同的字词组合、句式结构及语言习惯都可能引发不同的解读。因此，同一句话在不同的情境下，往往会有多种理解方式。

以一次家庭沟通为例，妻子发来信息告诉我，她的父母最近关系紧张，先是争吵不断，后又陷入冷战。她希望我出面调解，并放出狠话："你去跟他们说，就说我说的，他们要是不和好，我们就不回去看他们。在那种别扭的气氛中，我是待不下去的。"我回复道："这样的话，我说可不好。"本意是我作为女婿，说这些话，身份不太合适。然而，妻子却误解了我的意思，她以为我是在推脱，认为我口才不佳，表达不清。（金句点睛：说话要清晰明确，避免模糊表达，以减少歧义和误解。）

这里，我的重点在于"我"，而妻子的关注点在于"说不好"，因此，产生了误解。

再来看一个小故事，一个人向另一个人借钱，并写下借据："今借张三十一万元整，特此为据。"下面签名"借款人：李四"，并附上了日期。后来，张三向李四讨债，李四却狡辩说这个借据也可以证明是他借给张三钱。这里有三处歧义：一是"借"字可以理解为"借到"或"借给”；二是“张三十一万元整”中的姓名与金额容易混淆，导致金额不明；三是“借款人”既可以指借入钱款的人，也可以指借出钱款的人。这些歧义使得借据失去了明确的法律效力，甚至成为抵赖的工具。

由此可见，歧义在语言中无处不在，其影响可大可小。在私人借贷中，歧义可能导致双方关系紧张；而在工作或企业间的资金往来中，歧义则可能引发严重的法律纠纷和经济损失。因此，在书写和表达时，我们应尽量避免歧义的产生，确保信息的准确传递。

面对面交流的一大优势在于，我们能够通过说话者语气的轻重缓急、音调的高低变化来捕捉话语中的微妙含义。例如，当领导询问员工：“××，你的产品策划书写了多少了？”如果在重复员工的回答“就写了四页”时，刻意加重“就”字的发音，往往意味着对员工工作效率的质疑，言下之意是：“他一上午才写了四页，效率真低。”相反，如果轻读“就”字而重读“四”字，则可能是在称赞其效率很高，即：“他一上午竟然写了多达四页，速度真快。”

然而，当这些对话以文字形式呈现时，接收者便失去了语气、音调等辅助信息，只能单纯依赖文字内容去理解，这无疑增加了歧义产生的可能性。此外，面对面交流时，一旦察觉到话语中可能存在歧义，说话者可以立即根据对方的反应和回应进行调整，澄清真实意图。但在文字交流中，由于缺乏及时的反馈机制，人们往往难以迅速察觉到误解的发生，如果对方不主动求证，而是按照自己的理解去解读文字，那么信息的不对等就可能由此产生，导致误解的加深。

当然，文字交流也有其独特的优势，它给予了我们充分的时间去思考和构思回复，使得我们有机会将每一句话都打磨得更加严谨、准确。因此，在享受文字交流带来的便利的同时，我们也应该充分利用这一特性，对每一句话都进行深思熟虑，力求做到表达清晰、无歧义，从而有效避免误解的发生。

【敲黑板，划重点】

歧义是一种语言现象，它能让一句话拥有多重解读，有时甚至可能指向两个截然相反的意义。当我们在交流中遇到可能存在歧义的话语时，最直接有效的方法就是向对方进行确认，例如通过提问“你的意思是……”来明确对方的真实意图。

在回复他人的信息时，我们应当养成多读几遍的习惯，仔细检查文字是否可能产生歧义。一旦发现潜在的歧义，应立即进行修改。如果信息已经发送出去，那么最好再补充一条信息，对可能产生的误解进行解释和澄清。

此外，为了避免歧义的产生，我们还可以巧妙地使用双引号来强化某个特定的字词，从而帮助对方更加准确地理解我们的意思。这种方法能够增强语言的明确性，减少误解的可能性，使交流更加顺畅和高效。

巧用表情符号，回话更轻松

随着网络技术的飞速发展，人与人之间的异地交流方式已不再局限于传统的书信，而是涌现出了全新的形式。尽管话语可以通过文字来传达，但思想和情感的细腻表达却并非易事，因此，表情包应运而生，成为网络交流中的重要补充。

“Face with tears of joy（笑哭脸）”这一表情包甚至被《牛津词典》评选为年度词汇，足以证明其在网络交流中的重要地位。（金句点睛：在回话中巧妙地运用表情符号，能够让沟通更加生动有趣，减轻文字表达的枯燥感，使对话氛围更加轻松愉悦。）

一个恰当的表情包，往往能够化解文字的冰冷，拉近彼此的距离，使交流更加生动有趣。

在某些情境下，面对不想回复的问题或不想继续聊的话题，一个表情包就能巧妙地化解尴尬，转移话题。当聊天陷入冷场时，一个趣味性的表情包也能迅速打破僵局，让交流重新活跃起来。

表情符号作为非语言符号的一种，能够表达丰富的情感和含义，包括喜怒哀乐、无奈与忧伤等。研究表明，在两个人的交流中，非语言符号所传递的社会含义往往超过语言本身。美国学者 L. 伯德惠斯特尔估计，在两人交流的场合中，有 65% 的社会含义是通过非语言符号传递的。而艾伯顿 · 梅热比提出的公式也进一步强调了非语言符号在沟通中的重要性：沟通双方相互理解＝语调（38%）＋表情（55%）＋语言（7%）。

然而，在远距离交流中，由于无法直接听到对方的语调或看到对方的表情，非语言符号的作用大打折扣，只剩下语言作为主要的交流手段。这导致一些想要表达的情感含义无法准确传达，容易产生误会。而表情包的出现则有效地解决了这一问题，它能够对纯文字所包含的情绪进行体现和补充，使交流更加丰富多彩。

在现实生活中，有些人可能不善言谈，但在使用表情包时却表现得游刃有余。年轻人之间更是喜欢通过发送大量的表情包来丰富对话内容，“斗图”也成为他们喜爱的交流方式之一。使用表情符号回话不仅省时、省心、省力，还能迅速对对方的话做出回应，使交流更加高效和便捷。

在与老同学网络聊天叙旧时，如果遇到冷场的情况，一个可爱的表情包往往能迅速打破尴尬气氛，让交流重新变得轻松愉快。比如发送一个配有“你的小可爱在看你”的文字和一只圆嘟嘟异常可爱的小猫躲在桌子后面露出半张脸的配图的表情包，就能巧妙地化解尴尬，让双方的感情更加融洽。

【敲黑板，划重点】

善用表情包，千万不可滥用，尤其是工作群里讲正事的时候。

与长辈交流时，尽量不要发送表情包，避免因其不了解而尴尬，或产生误会。

表情包不要随意商用，以免因侵权发生纠纷。